KB265112

**당신에게 포기란
어울리지 않는다**

당신에게 포기란 어울리지 않는다

초판 1쇄 발행 2014년 8월 1일

지 은 이　최성대
발 행 인　권선복
편집주간　김정웅
편　　집　조웅연
디 자 인　최새롬
마 케 팅　서선교
전 자 책　신미경
발 행 처　도서출판 행복에너지
출판등록　제315-2011-000035호
주　　소　(157-010) 서울특별시 강서구 화곡로 232
전　　화　0505-613-6133
팩　　스　0303-0799-1560
홈페이지　www.happybook.or.kr
이 메 일　ksbdata@daum.net

값 13,800원
ISBN　979-11-5602-066-0　13190

도서출판 행복에너지는 독자 여러분의 아이디어와 원고 투고를 기다립니다. 책으로 만들기를 원하는 콘텐츠가 있으신 분은 이메일이나 홈페이지를 통해 간단한 기획서와 기획의도, 연락처 등을 보내주십시오. 행복에너지의 문은 언제나 활짝 열려 있습니다.

당신에게 포기란 어울리지 않는다

최성대 지음

도서
출판 행복에너지

요즘 최성대 선생은 참 많이 바쁩니다. 전국 여기저기로 강의를 하러 다니고 또 다시 부산으로 내려가 부산지방법원의 가사조정위원 활동을 합니다. 최근엔 여기저기 봉사활동을 알아보고 있다고 합니다. 그는 정말 매일 열정이 넘치는 사람입니다.

어느 날 그가 원고 한 편을 들고 나를 찾아왔습니다. 그때까지 저는 최성대 선생을 은행직원과 고객으로 오랫동안 만나왔기에 잘 알고 있다고 생각했습니다. 하지만 그렇지 않았습니다. 이렇게 구김 없는 그가 힘든 시절을 겪었다는 것은 정말 놀라웠습니다.

『당신에게 포기란 어울리지 않는다』의 첫 페이지를 넘기는 순간 힘들었지만 즐거웠던 그의 유년 시절이 펼쳐졌습니다. 너무 배가

고파서 꿈을 꾸는 것조차 할 수 없었던 그의 모습은 그 시절 많은 소년, 소녀들의 모습이었습니다. 돈이 없어서 공부를 하지 못했고 어쩔 수 없이 공장에 나가서 돈을 벌기 시작한 그에게서 안타까움을 느꼈습니다.

그리고 젊은 나이에 장애를 안고 우울한 날들을 보내는 부분에서는 가난 등으로 우울한 나날을 보내는 우리 이웃들의 모습이 느껴졌습니다. 또한 취업을 위해 연애나 동아리 활동 같은 캠퍼스의 낭만을 포기해야 했던 그의 모습은 오늘날 젊은이들의 모습이며 직장 업무를 위해 여기저기 분주하게 뛰어다니는 그의 모습은 오늘날 샐러리맨들의 모습입니다.

이렇게 그의 책에는 우리 모두의 모습이 담겨 있습니다. 그런 그의 이야기이기에 더욱 공감이 갑니다. "당신에게 포기란 어울리지 않는다."라는 말은 그가 스스로에게 하는 말일 수도 있지만 그가 모두에게 해 주고 싶은 말이 아닐까 생각합니다. 이 책을 여러분에게 추천합니다. 포기란 어울리지 않는 우리 모두를 응원합니다.

(주)대국INT 대표이사 임재진

　국민은행 선배인 최성대 저자와는 오랜 시절 같이 생활을 해 왔습니다. 저는 본부에서 인사를 담당했다 보니 저자에 관하여 잘 알고 있었습니다.

　저는 그를 이렇게 정의합니다.
　힘든 것 또한 도전이며 꿈이라고 정의한 사람.
　희망을 접고 주저앉은 이를 찾아다니며 지혜와 용기를 나눠주는 사람.
　그리고 이 책을 통해 '포기 없는 삶'을 대중에게 전달하고픈 열정적인 사람.
　그래서 저는 그를 존경합니다.

　그를 가장 잘 표현하는 단어가 바로 '악바리'가 아닐까 싶습니다. 그는 나이도 많고, 학벌도 부족하고, 장애도 있음에도 끈기와 패기로 은행에 입사를 했습니다. 그는 다른 직원들에 비해 훨씬 늦은 시점에서 출발을 했습니다. 아마 많이 힘들었을 겁니다. 하지만 그는 이를 악물고 다른 직원들을 쫓아갔습니다.

　결국 그는 다른 직원이 평생 1개도 타기 힘든 표창을 10개나 차지한 훌륭한 은행원이 됐습니다. 물론 그가 표창을 타는 과정은 순탄치 않았습니다. 예금을 유치하기 위해 시골 여기저기를 뛰어

다녔고 모르는 사람들을 찾아가 사정을 하기도 했습니다. 그렇게 그가 열심히 뛰어다닌 결과입니다. 은행원으로 근무하면서도 그는 끊임없이 자기계발을 했습니다. 대학원을 다녔고 박사과정까지 마쳤습니다. 그는 정말 대단한 악바리였습니다.

이제 국민은행에서 퇴임을 하고 새로운 인생을 향해 나아가는 그에게 응원의 박수를 보냅니다. 퇴직 후 선배는 어떤 분야가 됐든 또다시 악바리 근성으로 잘해낼 거라 믿습니다. 앞으로도 국민은행 출신으로서 자랑스러운 행보를 이어나가길 바랍니다.

KB국민은행 일본오사카지점장 서영휘

일본 '경영의 神'이라 불리는 마쓰시타 고노스케는 훌륭한 기업 경영인을 넘어 뛰어난 발명가였고, 일본인에게 최고의 스승이며 사상가였습니다. 그는 새로 뽑은 사원은 일정 기간 의무적으로 기숙사에서 생활하도록 하며 마쓰시타 부부는 신입사원의 양부모가 되어 그들을 돌보았습니다. 그리하여 신입사원들은 회사를 마치 대가족이 함께 생활하는 공간처럼 생각하게 되었습니다. 그런

데 한 신입사원은 유독 웃는 일이 거의 없고 얼굴을 찌푸리고 다
녀 처음에는 몸이 아픈 줄 알았는데, 그와 얘기를 나눠 본 마쓰시
타는 그가 왁자지껄한 기숙사 생활을 못마땅해 하고 매사에 비관
적인 생각으로 가득 차 있음을 알았습니다. 그날 마쓰시타는 사원
들이 모두 모여 저녁을 먹는 자리에서 이런 말을 꺼냈습니다.

"감옥과 수도원의 공통점은 세상과 고립되어 있다는 점입니다.
그러나 감옥과 수도원의 차이점은 불평을 하느냐, 감사를 하느냐
는 것뿐입니다. 그러니 감옥이라도 감사를 하면 수도원이 될 수
있습니다."

이 말을 들은 그 사원은 깊은 생각에 잠긴 듯하였고, 다음 날부
터 얼굴에 웃음이 보이기 시작하였습니다. 그제야 마쓰시타는 안
도의 한숨을 내쉬며 다른 사원들에게 불편한 점이 없는지 또 살피
기 시작하였다고 합니다.

이처럼 항상 긍정적이고 감사하는 생각을 하는 최성대 박사는
늦은 나이에 우리 대학에 입학해서 누구보다 성실하게 생활하였
습니다. 그리하여 그는 'KB국민은행'에서 지점장까지 마칠 수 있
었고, 이런 본보기로 많은 후배들도 정진하여 사회의 다양한 분야
에 진출하고 있습니다. 이후 최성대 박사는 우리 대학에서 경영학

박사 과정도 마쳐 새로운 도전을 하고 있습니다. 최성대 박사의 지도교수로서 그에게 자랑스럽고 고맙다는 말을 전하고 싶습니다. 그리고 최성대 박사는 교수로서도 열정적이며, 젊은 학생들하고도 농담도 스스럼없이 주고받으며 잘 어울립니다. 이는 매사에 열심히 노력하는 최성대 박사의 철학으로, 언제나 어떠한 상황 속에서도 최선을 다해 노력했던 것처럼 앞으로도 열심히 살아갈 것으로 생각됩니다.

이런 관점에서 이번에 출간하는 『당신에게 포기란 어울리지 않는다』는 최성대 박사의 삶의 향기가 잘 배어난 책으로, 많은 분들에게 우리 시대에 필요한 그의 용기와 도전정신이 잘 전해지기를 기원합니다. 앞으로도 최성대 박사의 큰 발전을 응원합니다.

동의대학교 경영학과 이동철 교수

원고를 가지고 출판사를 방문해 주신 선생님을 처음 보고 저는 놀랐습니다. 제가 생각하는 정년퇴임한 은행지점장 모습과는 갗이 달랐기 때문입니다. 백발에 근엄한 어르신을 떠올렸는데 선생

님은 생각보다 젊으셨고 굉장히 소탈하셨습니다. 대화를 하는데
불편함을 못 느낄 정도로 사고방식이 열린 분이었습니다. 선생님
과 이야기를 나누면서 한쪽 눈을 잃으셨다는 사실에 또 한 번 놀
랐습니다. 치명적인 장애를 가지고도 행복하게 잘 살아갈 수도 있
다는 것을 선생님이 보여주셨습니다. 이렇게 선생님은 제가 가지
고 있던 선입견을 많이 뒤집은 분이었습니다.

이 책의 가장 큰 장점은 쉽게 감정이입을 할 수 있다는 겁니다.
시중에 자전적 에세이는 참 많습니다. 간혹 과도하게 자신을 포장
하는 바람에 재미도, 몰입도도 떨어지는 책들을 종종 볼 수가 있
습니다. 반면 저자는 자신의 어리석고 부족했던 모습들까지도 솔
직하게 고백합니다. 저자의 모습 속에는 우리 모두의 모습이 녹아
있기에 쉽게 공감하고 몰입할 수가 있습니다. 또한 이 책은 흥미
진진합니다. 가난한 환경에서 사고로 한쪽 눈까지 잃은 절망적인
상황이지만 삶의 의지를 꺾지 않고 포기하지 않고 세상에 맞서는
저자의 모습은 한 편의 드라마와도 같습니다. 이 책을 다 읽을 때
쯤이면 "나도 할 수 있다."라는 용기를 얻게 되실 겁니다.

선생님을 원고를 정리하면서 재미있는 이야기를 읽게 되어 즐
거웠고 선생님과 같은 좋은 분을 알게 되어 참 감사했습니다.

도서출판 행복에너지 조웅연

새로운 인생 3막을 시작하며

한때 은행원에서 이제는 교수로 새로운 삶을 시작하고 있습니다. 저는 인생은 연극처럼 3막 구조로 이뤄졌다고 생각합니다. 제가 생각하는 1막은 학창시절까지입니다. 이 기간에 어떠한 노력을 하였는가에 따라 2막이 형성된다고 생각합니다. 2막은 직장생활까지입니다. 이 기간 또한 본인 노력 여하에 따라 3막이 형성된다고 봅니다. 1, 2막도 중요하지만 3막이 가장 중요하다고 생각합니다. 저는 최근에 교수로서 3막을 시작하고 있습니다. 저의 1막은 어두웠습니다. 하지만 2막에서 만회를 하였고 과분한 사랑을 받았습니다. 이제 3막은 제가 가진 것들을 나누며 살고자 합니다. 최근에 저는 제가 살아온 날들을 토대로 '실버씨앗의 마법'이라는 주제의 강의를 하고 있습니다.

실: 실행을 하라

버: 지나간 버스를 돌아보지 마라

씨앗: 목표를 가져라

마법: 반드시 성공한다

이 4가지를 사람들에게 강조합니다. 첫째, 반드시 실천을 해야 합니다. 누구나 꿈을 꿀 수는 있지만 꿈을 이루는 사람은 드뭅니다. 실천이 무엇보다 어렵기 때문입니다. 생각은 누구나 할 수 있습니다. 하지만 생각만으로 꿈은 이뤄지지 않습니다. 즉각 실천을 해야만 합니다. 가정이 화목하게 만들고 싶다면 지금 당장 아내와 자식들과 다정하게 대화하고 챙기는 모습을 보여야 합니다. 어색하더라도 지금 당장 해야 화목한 가정을 만들 수 있는 겁니다.

둘째, 후회하는 습관을 과감하게 버려야 합니다. 지나가는 버스는 다시 돌아오지 않습니다. 아무리 지나간 버스를 보고 소리쳐봐야 달라지는 것은 없습니다. 저도 살아가면서 후회했던 순간이 많이 있었습니다. 무리하게 부동산에 투자했다가 파산을 할 위기에 처한 적도 있었습니다. 그때는 영화처럼 시간을 돌리고 싶었습니다. '내가 그때 왜 그랬을까?' 하고 자책도 많이 해봤지만 달라지는 것은 없었습니다. 후회를 하기 전에 심사숙고해서 결정을 하고 후회할 일이 있다면 그것을 발판 삼아 잘못을 고쳐야 합니다.

그리고 두 번 다시 후회하지 않아야 합니다.

셋째, 반드시 목표를 가져야 합니다. 목표가 없다면 우리는 방황하고 맙니다. 목표 지점이 없이 그냥 무작정 달린다면 우리는 쉽게 지치고 의욕도 떨어집니다. 명확한 목표가 있을 때 우리는 힘을 내서 조금이라도 더 나아갈 수 있습니다. 목표가 단기적인 것도 좋고 장기적인 것도 좋습니다. 지금부터 당장 목표를 세우세요.

넷째, 바로 반드시 성공한다는 확신입니다. 자기긍정도 좋고 오기도 좋습니다. 뭐가 됐건 반드시 성공한다는 확신을 가져야 합니다. 그런 확신이 없다던 우리는 너무 쉽게 무너집니다. 금연이나 다이어트를 시도해 보신 분들은 알 겁니다. 사람의 결심이 얼마나 쉽게 무너지는지를. 자기 확신이 없다면 조그만 좌절에도 쉽게 두너집니다. 반드시 성공한다는 확신이 우리의 성공을 앞당길 것입니다.

이 4가지는 제 삶의 경험을 통해서 얻은 교훈입니다. 이제부터 저의 이야기를 본격적으로 시작해보려고 합니다.

contents

CHAPTER 1

견디다

CHAPTER 2

맞서다

CHAPTER 3

이루다

CHAPTER 4

꿈꾸다

부록

견디다

세상은 나에게 불친절했다

나의 고향은 밀양이다. 아버지의 고향 역시 밀양이다. 하지만 우리 가족은 밀양에 대해서 많은 이야기를 하지 않는다. 나는 밀양에 대한 기억이 전혀 없었고 아버지는 밀양에 대한 기억이 좋지 않기 때문이다. 아버지는 가난한 집에서 태어나 공부를 제대로 하지 못하셨다. 게다가 할아버지와 할머니가 돌아가시는 바람에 큰할아버지의 집에 얹혀살며 힘든 일로 매일을 보내셨다. 반면에 어머니는 부유한 집에서 태어나 그 시대에 보기 드물게 고등학교를 졸업하셨지만 어머니의 삶도 순탄치는 않았다.

외할아버지와 외할머니가 이혼하셨고 후에 외할아버지는 재혼을 하셨다. 어머니는 고등학교를 졸업하자마자 의붓어머니에게 등 떠밀려 급하게 아버지와 결혼을 하셨다. 그렇게 한 결혼이 즐거웠을 리 없었다. 어머니는 두고두고 의붓어머니를 원망했다. 하지만 삶은 삶이었다. 기쁘든 슬프든 매일 매일 새로운 하루가 시작됐다. 어머니는 마음을 다 잡고 열심히 살기 시작했다.

부모님은 결혼을 하고 넷째인 나를 낳을 때까지 큰할아버지 집에서 살았다. 아무리 친척이라고는 하지만 눈치가 보일 수밖에 없었다. 아버지와 어머니는 큰아버지 집의 궂은일을 모두 도맡아 하시다가 결국 더 이상 참지 못하고 옷가지와 우리 4남매만 챙긴 채 큰할아버지 집을 나왔다. 두 분의 상처는 생각보다 깊었다. 두 분은 평생 고향을 등지고 사셨다. 그때부터 우리 가족은 부모님의 일자리를 따라서 여기저기 이사를 다니며 살았다. 그 사이에 나는 동생이 생겼고 가정 형편은 더 어려워졌다.

얼마나 가난했던지 밥이 없어서 건빵을 사다가 먹었다. 아마 지금 이런 얘기를 하면 왜 간식을 식사로 대용하냐며 그 돈으로 쌀을 사 먹으면 되지 않냐그 되묻는 사람들이 많을 것이다. 물론 건빵은 간식이다. 하지만 이것을 부셔서 물에 타서 불려 먹으면 생각보다 배가 든든하다. 그리고 물에 불리면 제법 양이 많아지기 때문에 그렇게 끼니를 때웠다. 어느 날은 건빵 심부름을 갔던 형이 돈을 잃어버려서 건빵을 사오지 못해 가족 전부가 끼니를 굶어야 했던 적도 있었다. 형과 우리는 주린 배를 움켜쥐고 눈물을 흘리며 잃어버린 돈을 찾아다녔다.

하루 먹고사는 것조차 힘들어서 부모님은 자식들을 공부시킬 엄두를 못 내셨다. 우리 형제 중에 가장 큰 희생을 한 사람은 큰누나였다. 바쁜 어머니를 대신해서 집안일을 하고 동생들을 키우느라 자신의 삶은 희생했다. 그럼에도 큰누나는 우리에게 짜증을 내거나 하지 않았다. 사고뭉치인 동생들을 따라다니며 옆에서 늘 챙겨줬다. 나이가 들자 큰누나는 가족에 보탬이 되기 위해 일을 하러 다녔다. 우리를 위해 헌신하기만 했던 큰누나를 생각하면 늘 고맙고 미안하다.

큰형 역시도 집안을 일으키기 위해 어렸을 적부터 일을 했다. 큰형은 어려서부터 집에서 나무를 해서 동네 이웃집에 파는 일을 했다. 그리고 어느 정도 자라자 집안 살림에 보탬이 되기 위해 큰형은 여기저기서 일을 하며 자신의 어린 시절과 청춘을 다 보내야 했다. 작은형도 어느 정도 나이가 되자 부산으로 일을 하러 떠났다.

누나와 형들의 희생으로 그나마 살림은 조금 나아졌다. 그 혜택을 나와 막내 동생이 가장 많이 보지 않았나 싶다. 덕분에 나는 중학교까지 다닐 수 있었고 막내 동생은 다른 형제들보다는 비교적 평안하게 유년 시절을 보냈다. 그나마 형편이 좀 나아지나 싶었는데 뜻밖의 사고가 생겼다.

　우리 집은 개울가 앞에 있는 초가집이었다. 형편이 나아지기 시작한 그해 여름, 태풍이 크게 불었다. 비가 억수같이 퍼붓기 시작했다. 우리에게 좋은 놀이터가 되었던 개울가에는 물이 급속도로 불어났고 불어난 물은 우리 집과 마을을 덮쳤다. 날이 밝자 아수라장이 된 마을이 보였다. 논밭은 매몰되었고 집들은 산산 조각이 났다. 우리 집도 마찬가지였다. 그나마 우리는 운이 좋은 편이었다. 산사태가 일어나 마을주민의 절반이 매몰되어 인명피해가 발생했다. 마을 여기저기서 곡소리가 울려 퍼졌다. 어머니는 부서진 집을 바라보며 주저앉아 울기만 하셨고 아버지는 아무 말도 하지 못하셨다.

　이제야 겨우 희망이 생기나 싶었는데…. 세상은 우리 가족에게 희망을 허락하질 않았다. 세상은 그렇게 우리 가족에게, 나에게 친절하지 않았다.

너희 아버지 뭐 하시냐

우리 아버지는 석수장이였다. 쉽게 말해 공사판에서 돌을 쪼개는 기술자였다. 아버지는 큰 공사에 많이 다니셨다. 한 곳에 오래 머물러 있는 일이 아니라서 아버지는 여기저기 다니다가 2~3개월에 한 번씩 돌아오셨다. 아버지가 오시는 날은 잔칫날이었다. 그때에 아버지가 돈을 가지고 오셨기 때문이다. 그래서 더욱 아버지가 오시기만을 기다렸던 것 같다.

우리 집은 농사를 짓지 않았다. 주 수입원은 아버지가 벌어 오는 돈이었다. 물론 아버지의 일은 늘 있는 게 아니었고 일을 구하는 것도 쉽지 않았다. 몇 달을 찾아다니다가 일을 구하지 못하고 빈손으로 돌아오신 적도 많았다. 일을 구했다고 하더라도 노임을 제대로 받지 못해 몇 날 며칠을 아버지가 현장에 머물러 계셨던 적도 있었다.

흔히 사람들은 아버지의 직업을 '돌쟁이'라고 불렀다. 나는 아버지가 하시는 일이 멋있는 일이라고는 생각했지만 사람들이 아버지를 돌쟁이라고 부르는 게 너무 싫었다. 왠지 아버지의 직업을 비하하고 아버지를 놀리는 것 같았다. 참을 수가 없었다. 아이들이 아버지를 돌쟁이라고 부르거나 아버지 직업을 조금이라도 비웃는 것 같으면 득달같이 달려들었다. 그게 내가 처음 싸움을 시작한 이유였다. 거의 매학기가 시작될 때마다 싸움을 했던 것 같다.

대개 새 학기가 되면 담임선생님들은 가정방문을 하기 전에 가정환경 조사를 한다. 가장 간단하게 가정환경을 알아보는 방법이 아버지의 직업을 묻는 일이었다. 담임선생님은 한 명, 한 명에게 아버지의 직업을 물어봤다. 그리고 내 차례가 돌아왔다. 나는 선생님께 "아버지의 직업은 석수장이이십니다."라고 대답했다. 하지만 선생님은 잘 이해를 못하신 것 같았다. 내가 몇 차례 부연 설명을 하자 대충 기술자로 이해하신 것 같았다. 어쨌든 난처한 상황을 쉽게 넘어가서 다행이라고 생각했다. 그런데 생각지도 못한 문제가 생겼다.

　그 당시에 가정 형편이 어려운 학생들에게는 무료로 급식이 나
왔다. 무료 급식이라고 해봐야 지금처럼 제대로 갖춘 한 끼 식사
가 아니라 딱딱한 떡이나 빵, 강냉이나 옥수수 죽이 전부였다. 늘
배를 곯았던 나는 무료 급식을 받는 친구들이 그렇게 부러울 수가
없었다. 그 당시 나는 무료 급식을 받을 수가 없었다. 담임선생님
이 우리 아버지를 돈 잘 버는 기술자로 오해했기 때문이다. 차마
선생님에게 찾아가서 우리 집이 가난하다고 말을 할 수가 없었다.
점심시간만 되면 무료 급식 받는 아이들을 보면서 억울해했던 기
억이 가득하다.

너만은 기죽지 말아라

가난한 형편 때문에 힘든 일은 많았지만 부모님께서는 절대 기
죽지 않도록 해 주셨다. 양식이 없어서 도시락을 싸가지고 다니기
힘들었지만 어머니는 내가 도시락을 가지고 다니지 않으면 창피
할까 봐 아주 적은 양의 새까만 보리밥이라도 싸 주셨다. 이 때문
에 담임선생님은 내가 늘 배가 고팠는지를 몰랐던 것 같다.

어렸을 적 집안 형편에도 아랑곳하지 않고 새 신발이 갖고 싶었
다. 하지만 새 신발을 사달라고 하기에는 내 검정 고무신은 너무
튼튼했다. 절대 닳아 떨어지는 일이 없었다. 나는 새 신발을 얻기
위해 일부러 고무신이 닳도록 만들었다. 철도 위에 고무신을 놓고
돌로 치기도 했고 일부러 신발을 질질 끌기도 했다. 이런 노력 끝
에 고무신이 드디어 해졌다. 나는 보자마자 얼른 어머니에게 달려

가 신발이 없다고 하소연을 했다. 내 신발을 보자마자 어머니는 새 신발을 사 주겠다고 약속하시고 며칠 뒤 장터에 가서 새 신발을 사 주셨다. 나는 몇 날 며칠을 새 신발을 꼭 안고 잠이 들었었다. 지금 생각해 보면 어머니는 눈치를 채셨지만 내가 안쓰러워서 선물을 해 주고 싶으셨던 것 같다. 어머니의 배려 덕분에 나는 며칠 동안을 행복하게 보낼 수 있었다.

어렸을 적에 나는 정말 개구쟁이였다. 정말 하루라도 말썽을 안 피웠던 적이 없었던 것 같다. 여러 가지 서리를 참 많이도 했다. 하루는 남의 복숭아밭에 들어가 몰래 복숭아를 서리를 하다가 과수원을 지키는 개가 짖는 바람에 주인에게 붙잡힌 적이 있었다. 주인의 으름장에 그동안 복숭아를 몰래 따 먹었던 사실을 실토했고 벌로 하루 종일 복숭아를 물고 서 있었다. 그리고 저녁 늦게야 집에 돌아갈 수 있었다. 하루 종일 보이지 않다가 밤늦게 나타난 나를 보고 아버지는 무엇을 하다가 왔냐고 캐물으셨다. 한참을 뜸 들이다가 아버지에게 복숭아 서리를 하다가 붙잡혔고 그 벌로 하루 종일 복숭아를 물고 있다가 왔다고 실토했다.

다음 날 아버지는 복숭아 과수원으로 찾아갔다. 찾아가서 내가 그동안 서리해 갔던 복숭아 값을 변상하고 대신에 나에게 벌을 준 부분을 강하게 따지셨다. 그리고 결국 아버지는 과수원 주인에게서 사과를 받아냈다. 부모님은 나에게 늘 강조하셨다. "우리 집이 비록 형편이 좋지 않지만 너는 절대 기죽지 말아라. 무슨 일이 있어도 당당해야 된다." 그 말씀 때문에 나는 늘 기죽지 않고 씩씩할 수 있었다.

골목대장

나는 어렸을 적부터 체구가 왜소했다. 아무래도 제대로 먹지 못했기 때문이었던 것 같다. 중학교 때도 늘 반에서 앞자리에 앉았다. 하지만 의외로 나는 골목대장이었다. 왜소한 체격에도 참 호전적이었다. 상대가 나보다 덩치가 크건, 싸움을 잘하건, 친구가 많건 그건 그리 중요하지 않았다. 화가 나면 상대를 가리지 않고 덤벼들었다.

물론 싸움을 그렇게 잘했던 것은 아니다. 하지만 한번 시비가 붙으면 상대가 지쳐서 포기할 때까지 덤벼들었다. 우리 집 근처에 사는 친구들이 없다 보니 내 편이 그리 많지는 않았다. 그래서 싸우다가 싸운 녀석의 패거리들에게 얻어맞고 오는 일도 종종 있었다. 그럴 땐 일찍 와서 몽둥이를 들고 나를 때린 패거리들을 기다렸다가 그들이 오면 몽둥이를 들고 달려들었다. 물론 다시 학교에 가면 그들의 응징이 있었지만 계속 이런 일을 반복하던 결국엔 내가 이겼다. 어느 누구도 나를 쉽게 건들지는 못했다. 이런 식으로 나는 동네 골목대장이 됐다.

동네 골목대장 노릇을 하려면 단순히 깡으로만 되는 것이 아니다. 가끔씩 과자도 물려주고 그래야 아이들이 잘 따른다. 하지만 그럴 돈이 없었다. 그래서 집에 있는 양식을 몰래 가져다가 슈퍼에 가서 과자랑 바꾸기도 했다. 그러다가 양식이 계속 줄어드는 것을 수상하게 여기던 어머니에게 발각돼 모질게 야단을 맞았다.

어렸을 적 늘 배가 고팠다. 그래서 늘 간식거리를 찾아다녔다. 그래서 발견한 것이 아카시아 꽃이었다. 아카시아 꽃을 빨면 달콤한 꿀이 나왔다. 그래서 학교를 다닐 때 신발주머니 한가득 아카시아 꽃을 담아 가지고 다녔다. 그러다가 문득 '아카시아 꿀이 아닌 진짜 꿀을 먹으면 어떨까?'하는 생각이 들었다. 그리고 진짜 벌집을 따기로 했다.

마을 논두렁 밑에 큰 벌집이 하나 있었는데 비닐을 감고 마을 형들과 조심스럽게 벌집으로 다가갔다. 조심스럽게 벌집을 건드렸는데 순간 벌집에서 수많은 벌들이 쏟아져 나왔다. 정말 그렇게 많은 벌들이 그 안에 있으리라고는 생각하지 못했다. 벌들은 순간 주위에 있는 모든 사람들에게 달려들었다. 우리는 물론이고 지나가는 행인들마저 영문도 모른 채 성난 벌들에게 쏘였다. 그때 벌집을 건드리는 게 얼마나 위험한 일인지를 깨달았고 아무리 작은 미물이라도 함부로 얕보고 건드려서는 안 된다는 것도 함께 깨달을 수 있었다.

하루는 동네 형이 화물차를 털어 보자고 제안을 했다. 내가 살고 있는 동네는 오르막길에 있었다. 짐을 실은 화물차가 짐을 싣고 오르막을 오르는 사이에 그 틈을 타서 화물차 뒤로 재빨리 올라타서 화물을 가지고 내리는 거다. 기사가 눈치를 채고 차를 멈추고 잡으러 오더라도 재빨리 움직이면 잡을 재간이 없어 위험하지도 않은 일이라고 했다. 물론 차에 뭐가 실려 있을지는 모른다. 먹을 것이면 동네 아이들과 나누어 먹고 다른 물건이면 팔면 된다. 정말 완벽한 시나리오였다. 게다가 제안을 한 동네 형은 기차 화물칸도 털어 본 경험이 있었다. 정말 스릴 있는 일이었다.

그러던 어느 날 친구들과 놀다가 화물차 하나를 발견했다. 동네 형을 부를 겨를은 없었다. 갑자기 나도 모르게 흥분이 됐다. 내가 앞장서서 화물차를 털면 아이들이 더 날 잘 따를 것 같았다. 그래서 내가 먼저 아이들에게 화물차를 급습하자고 제안을 했고 아이들도 재밌을 것 같았는지 흔쾌히 나를 따랐다. 우리는 조용히 화물차 뒤를 쫓았고 내가 앞장서서 화물차에 올라탔다. 화물차에는 병술이 가득 있었다. 술을 마실 줄도 몰랐지만 왠지 술을 훔치면 아이들 앞에 더 으쓱할 수 있을 것 같았다. 술이 든 상자를 막 내리려는 찰나 운전사가 차를 멈추고 뛰어내려 왔다. 우리는 차에서 재빨리 뛰어내려 도망쳤다. 하지만 우리가 계산하지 못한 것이 있었다. 조수석에 일행이 타고 있었던 것이다. 그러다 보니 우리 생각보다 운전자 일행이 빨리 쫓아왔고 우리는 얼마 못 가 붙잡혔다.

아저씨들은 우리를 경찰서에 넘기겠다고 했다. 어린 녀석들이 벌써부터 도둑질을 하다니 콩밥을 먹어봐야 정신을 차린다고 했다. 우리는 울며불며 아저씨들의 다리를 붙잡고 매달리며 사정을 했다. 경찰서 가는 것이 너무 무서워서 필사적으로 사정했다. 다행히 아저씨들은 다시는 그러지 말라고 주의를 주며 용서해 주었다. 하지만 문제는 거기서 끝이 아니었다.

우리가 화물차에 있는 술을 훔치려다가 붙잡혀서 경찰서에 갈 뻔 했다는 소문이 동네에 파다하게 퍼졌다. 어린 애들이 수박 서리도 아니고 술을 훔치려 했다는 사실에 동네가 떠들썩했다. 나는 아버지와 어머니에게 모질게 혼이 났다. 그리고 아버지와 어머니는 한동안 동네에 다니지 못하셨다. 나 때문이었다. 늘 나에게 당당하라며 기죽지 말라고 하셨는데…. 나를 당당하게 만들어주신 부모님을 나는 부끄럽게 만들었다. 그 뒤로 결심을 했다. 다시는 부모님을 부끄럽지 않게 하겠다고.

중학교 입학,
하지만 공부를 쉽게 할 수는 없었다

중학교 때 어머니는 한 푼, 두 푼 모은 돈으로 논 100평과 밭 600평을 구입하셨다. 그리고 근처 황무지 등을 개간해서 땅을 좀 더 넓혔다. 그리 큰 땅은 아니었지만 우리도 처음으로 땅이 생겼다는 사실이 기뻤다. 이제 우리 집도 땅이 있다고 친구들에게 자랑할 수 있었다. 하지만 땅이 생긴 것이 좋지만도 않았다. 누나와 형들은 돈을 벌기 위해 부산으로 가 있었고 아버지는 일을 하러 다니셔서 집에 거의 안 계셨다. 일을 하기에 여동생은 너무 어렸다. 농사를 지을 사람은 나와 어머니뿐이었다.

농사를 지을 때 가장 힘든 일은 추운 겨울에 거름을 지게에 지고 밭으로 나르는 일이었다. 밭이 산기슭에 있다 보니 경사가 심해서 1시간은 걸렸다. 보통 하루에 5차례 정도 날랐는데 다녀오면 하루가 다 갔다. 지친 몸을 이끌고 집에 가면 바로 곯아떨어졌다.

또한 봄이 되면 참깨 모종과 고구마 모종을 했다. 모종을 한 후에는 방과 후에 수시로 밭에 올라가 모종이 말라 죽지 않도록 물을 줬다. 모종이 뻗어나가기 시작하면 고구마 주위에 올라오는 풀을 제거해야 한다. 그러려면 매일을 밭에서 보내야 했다. 이런 힘든 일이 지나면 수확할 날이 온다. 수확하는 것도 만만치는 않다. 먼저 막대기로 고구마 줄기를 툭툭 때려야 한다. 뱀이 있을지도 모르기 때문이다. 그 다음 고구마 줄기를 낫으로 베면서 본격적인 고구마 수확을 시작한다.

고구마 수확은 하루 만에 끝나야 하기에 수확을 할 때는 이웃사람들의 도움을 받는다. 수확을 할 때는 즐겁게 하지만 막상 수확한 고구마를 지고 내려갈 때는 즐겁지 않다. 무거운 고구마를 지고 1시간이나 걸리는 가파른 경사를 내려갈 때면 다리가 후들거리고 어깨가 끊어질 것 같았다. 우리가 밭을 팔기 전까지 계속 이런 생활을 했다. 지금도 밭농사 생각만 하면 끔찍하다. 농사를 하는 분들을 보면 절로 고개가 숙여진다.

중학교를 졸업한 후에는 산에 가서 나무를 했다. 우리 집에 필요한 나무를 하고 남은 나무는 돈을 받고 팔았다. 아침밥을 먹고 올라가서 점심 때 내려와서 나무를 내려놓고 점심을 먹고 다시 올라가서 저녁에 내려왔다. 비가 오는 날을 제외하고는 매일을 그렇게 보냈다. 그러다 문득 '나는 커서 뭐가 될까'를 떠올려 보기도 했다. 하지만 딱히 떠오르지 않았다. 고등학교 진학을 하지 못한 나에게는 하루하루를 살아가는 게 더 중요했다. 먼 미래를 그려 보는 것은 나에게 너무나 큰 사치였다.

부산으로 이사를 가다

내가 중학교를 졸업한 지 오래 지나지 않아서 우리는 부산으로 이사를 갔다. 부산으로 일하러 떠난 누나, 형들과 다시 뭉치기 위해서였다. 이참에 우리도 도시 생활을 해 보자는 작은 포부도 있었다. 물론 부산으로 이사 오게 된 가장 큰 이유는 어머니의 강력한 주장 때문이었다. 이모가 형편이 갑자기 나빠지면서 집을 급하게 팔아야 했고 이것을 어머니가 사준 것이다.

이사는 쉽지 않았다. 우리가 이사 갈 집은 산꼭대기에 있는 달동네였다. 그 집을 올라가기 위해서는 270개가 넘는 계단 길을 선택하거나 가파른 산길을 택해야 했다. 그냥 오르락내리락하는 것도 쉽지 않은 길을 짐을 들고 가니 훨씬 힘들었다. 중간에 몇 번을 멈췄는지 모른다. 이사는 아침부터 시작해서 해가 져서야 끝이 났다. 이사를 마친 아버지는 당분간은 따로 운동할 필요가 없겠다고 말씀하셨다. 새로 이사 온 집은 물을 쓰는 것도 불편했다. 평지에 있는 공동 우물가에서 물을 길어 와야 했는데 이마저도 양이 제한되어 있어 불편함이 컸다. 겨울에는 물이 얼어서 길어오기도 힘들었다. 이따금씩 공동 우물가 옆에 있는 공중목욕탕에서 물을 사다 쓰기도 했다.

그렇다고 나쁜 점만 있는 것은 아니었다. 야경은 정말 훌륭했다. 이사 온 당일 날 밤, 우리 가족은 깜짝 놀랐다. 온천지가 불빛이었다. 농촌에서 살다 보니 이런 광경을 처음 목격했다. 집이 산 꼭대기에 있다 보니 서면의 야경이 한눈에 들어왔다. 그제야 우리가 도시에 이사 왔다는 것을 실감했다. 야경을 보며 우리도 돈을 벌어서 저 곳 중에 한 곳으로 이사 가자는 약속을 했다.

부산에 이사 온 후로 가장 좋았던 점은 우리 가족이 다시 재결합할 수 있었다는 것이다. 형들과 같이 지낼 수 있다는 점은 정말 신나는 일이었다. 어렸을 적 우리 형제는 틈만 나면 어울려 다녔다. 누가 우리 형제 중에 한 명만 건드렸다고 하면 형제가 모두 출동해 가만두지를 않았다. 이길 수 있든 없든 우리 형제는 무조건 싸웠다. 덕분에 어느 누구도 우리 형제를 쉽게 건들지 못했다. 내가 씩씩하게 자랄 수 있었던 것도 형들의 도움이 컸던 것 같다.

이사 후 아버지와 큰 형은 석수장이 일을 다시 시작했고 작은형과 나는 친척의 소개로 철공소를 다니게 됐다. 드디어 나는 본격적으로 돈을 벌기 위해 사회생활을 시작하게 된 것이다. 낯선 곳에 다니게 된다는 것이 두렵기도 했고 돈을 벌 수 있다는 사실에 설레기도 했다.

쉽지 않았던 철공소 생활

내가 들어간 철공소는 대형 보일러를 만드는 곳이었다. 보일러 제작 과정은 간단하다면 간단하고 복잡하다면 복잡하다. 먼저 공장 내에 있는 화로에 석탄으로 불을 피워 철판을 달군다. 달군 철판을 철공소 직공들이 짝을 이뤄서 대함마로 철판을 때려서 각을 세워 동그랗게 원형의 토일러 형태로 만든 후에 파이프를 조립하여 용접하면 보일러가 완성된다. 완성된 보일러는 시험을 해본 후에 납품된다.

보일러를 만드는 회사지만 더 많이 하는 일은 보일러를 보수하는 일이었다. 사용 중인 보일러는 오래되면 청소를 해야 한다. 보일러를 청소할 때는 각오를 단단히 해야 한다. 보일러를 덮고 있는 시커먼 먼지들을 닦고 또 닦아야 하기 때문이다. 이 일을 하고 나면 며칠 동안 가래와 기침이 끊이질 않는다. 마스크를 해도 크게 효과는 없다.

철공소의 20여 명의 직원 중에 내가 제일 나이가 어렸기 때문에 '꼬마'라고 불렸다. 철공소 사장은 함경도 출신으로 6·25 때 월남한 생활력이 아주 강한 사람이었다. 성질도 급하고 심한 함경도 사투리를 써서 지시를 알아듣기 힘들 때가 많았다. 제대로 못 알아들으면 곧바로 신경질을 부렸다.

나는 철공소에서 모든 직공들의 심부름을 했다. 그들이 필요한 공구를 가져오고 다시 제자리로 갖다 놓고를 반복했다. 그러기 위해선 공구들의 이름을 정확히 외워야 했다. 공구 이름들은 대개 일본어라서 외우는 데 꽤 많은 시간이 걸렸다. 이 때문에 초반에 혼이 참 많이 났다.

나는 일하는 매 순간 잔뜩 긴장한 채 있었다. 조금이라도 늦으면 직공들에게 욕을 먹었다. 그나마 욕을 하는 사람은 양반이었다. 성격이 좋지 않은 직공은 나에게 손찌검을 하기도 했다. 심지어 공구로 때리는 사람들도 있었다. 가끔은 잘못이 없는데도 그들의 분풀이 대상이 되기로 했다.

추운 겨울은 가장 힘들었다. 여기저기 불려 다니느라 제대로 장갑을 끼지도 못하고 일하다가 동상에 걸려 손이 시뻘게진 채로 퉁퉁 부은 적이 있었다. 그 때문에 한동안 고생이 많았다. 동상에 걸린 손을 보면서 울기도 많이 울었다. 힘들고 아픈데 어디에다 하소연할 수도 없어서 더 슬펐다. 세상엔 나 혼자인 것 같았다. 관두고 싶었다. 이 끔찍한 곳에서 나가고 싶었다. 하지만 돈을 벌기 위해서는 여기 남아야 했다. 어렵게 소개를 받은 곳이었기에 그만두겠다는 말이 쉽게 나오지 않았다.

공장에서의 생활은 눈치의 연속이었다. 사장은 우리에게 각자 자기가 받은 일당의 3배는 일을 해야 회사가 돌아간다고 역설을 했다. 늘 현장을 감독하며 직공들을 다그쳤다. 그렇다 보니 사장의 눈치를 보는 것이 일이었다.

공장의 직공들은 늘 술을 먹었다. 월급날이 되면 정말 가관이었다. 받은 월급으로 색싯집에 가서 몽땅 탕진하고 오는 직공들이 한둘이 아니었다. 계속 그런 생활을 반복했다. 나는 그렇게 살고 싶지 않았다. 더 나은 삶을 살고 싶었고 행복하고 싶었다. 그러기 위해서는 그들과 달리 살아야겠다고 다짐을 했다.

나는 막내라 다른 직공들이 점심식사를 하러 간 사이에 경비를

서야 했다. 철공소에는 여러 가지 장비들이 많아서 도둑이 들 수
도 있기 때문이다. 다른 직공들이 식사를 마치고 돌아올 때까지
나는 장비를 지키며 기다렸다. 하지만 나는 오히려 그 시간이 좋
았다. 그 시간에 나는 어깨너머로 봤던 용접, 절단 기술 등을 몰래
연습했다. 그러다가 다른 직공에게 걸려서 얻어맞은 적도 있었다.

그래도 아랑곳하지 않고 점심시간마다 연습을 했다. 직공들에
게 걸리면 맞고 또 연습하고를 반복했다. 평생을 남의 심부름을
하면서 대충 살고 싶지 않았다. 반드시 보란 듯이 성공하고 싶었
다. 그래서 독기를 품고 했다. 물론 처음에는 쉽지 않았다. 내가
봐도 내가 한 것과 다른 직공들이 한 것과는 확연하게 차이가 났
다. 하지만 계속 직공들이 하는 것을 관찰하고 연습을 하니 점점
실력이 늘기 시작했다. 하루는 점심시간에 연습을 하고 있을 때
사장이 다가왔다. 그는 그동안 내가 연습을 하고 있는 것을 지켜
보고 있다가 내가 실습한 용접을 보고 적잖게 놀랐다. 그 후에 내
게 기회를 주었다.

1년의 시간은 거의 심부름을 했던 기억밖에 없다. 하지만 시간
지나고 나는 제법 숙련된 직공이 되었다. 각종 기술이 다 수준급
이 되어 외부에 파견을 나가기도 했다. 3년이 지나서는 고급 기술
자 반열에 올랐다. 대개 중요한 작업은 내가 담당할 정도로 사장

님의 신임을 받았다. 후임 공장장이 내가 될 것이라는 소문이 돌 정도였다. 나는 내 스스로 미래를 개척하기 시작했다. 나는 그냥 지금 당장 서러움을 받고 싶지 않았을 뿐이었다. 그러기 위해 노력을 했을 뿐이었다. 그랬더니 점차 내 삶은 나아지기 시작했다.

철공소를 그만두다

철공소 일에 적응이 되긴 했지만 위험한 건 달라지지 않았다. 지금도 생각하면 아찔한 장면들이 많았다. 부산에 있는 탁주 공장에 보일러 수리를 하기 위해 파견된 적이 있다. 보일러는 중량이 어마어마하다. 최소 10톤이 넘어간다. 이 때문에 도르래를 사용해서 들어 올린다. 그 날도 도르래로 들어 올린 후에 수리를 하고 있었다. 오른쪽 다리를 다치는 바람에 거동이 불편해서 앉은 채로 작업을 하고 있었다. 이때 갑자기 보일러를 끌어 올리고 있던 도르래가 끊어져 보일러가 나에게 떨어졌다. 다행히 가까스로 피할 수 있었다. 내가 1초만 늦었어도 다리가 깔릴 뻔한 상황이었다. 그 뒤로 작업을 할 때 불안하고 긴장이 됐다. 일을 하기가 두려울 정도였다.

시간이 지나면서 철공소 상황은 악화됐다. 계속 보일러를 만드는 시스템이 아니라 주문이 들어올 때만 보일러를 만드는 시스템이었다. 그렇다 보니 항상 일이 있는 것이 아니었다. 주문이 들어오는 곳이 줄어들면서 공장을 가동하지 못하는 상황이 발생했다. 그리고 시간이 지나자 공장 문을 닫아야 하는 지경까지 이르렀다. 사장은 이 난관을 타개하기 위해 어떻게든 기술자가 필요한 곳이면 뭐든 일을 따냈다.

우리는 일이 필요한 곳 여기저기를 떠도는 신세가 됐다. 그렇게 되자 많은 직원들이 그만두었고 나와 몇몇 사람들만 일을 하러 다녔다. 하지만 그마저도 순탄치가 않았다. 시공업체에게 사장이 제대로 돈을 받아내지 못해 현장 근로자들의 임금이 밀리는 사태가 발생하기도 했다. 성난 근로자들은 항의하고 욕설을 하다가 더 이상 참지 못하고 사장을 붙잡아 가두고 협박하는 상황까지 발생했다. 사장을 돕기 위해 그들을 말려도 봤지만 나도 한패로 몰려 그들에게 몰매를 맞기도 했다. 사장은 돈을 주겠다는 서약을 하고 가까스로 풀려날 수 있었다.

철공소가 문을 닫은 후 나는 다른 회사에서 용접, 절단 일을 했다. 여느 때처럼 철판을 절단하고 있었는데 갑자기 불길이 일어났다. 산소 호수에 매듭이 빠지면서 붙은 불은 내 왼쪽 다리에 붙었

고 나는 큰 화상을 입었다. 신고 있던 나일론 양말이 타 붙어 시커
먼 화상 자국이 남았다. 나는 누구에게도 보이고 싶지 않은 흉한
화상 자국이 하나 생겼다.

어느덧 나는 군에 입대할 나이가 됐다. 얼마 후 입대할 날짜가
나왔다. 공장일에 지쳐 있던 차에 잘됐다고 생각했다. 물론 약간
의 두려움이 있었지만 큰 부담 없이 입대했다. 다만 가족들과 헤
어지는 것은 정말 아쉬웠다. 특히 떨어져 본 적이 없는 어머니와
의 작별은 받아들이기 힘들었다. 나는 어머니에게 당시 유행하던
나훈아 레코드 한 장과 그동안 일을 하면서 벌었던 모든 돈을 드
리고 왔다. 훈련소 앞에서 어머니와 헤어지려고 하는데 차마 발
걸음이 떨어지지 않았다. 나는 애써 눈물을 참으며 밝은 표정으로
훈련소로 들어갔다.

우여곡절의 군 생활

내가 입대했을 무렵은 판문점 도끼 만행 사건이 일어난 후였다. 방송에서는 마치 당장 전쟁이 날 것처럼 보도했고 거리에는 종종 사이렌이 울렸다. 조교들의 압박은 거셌다. 훈련소에 들어가는 동시에 조교들의 욕설과 고함이 날아왔다. 조금만 동작이 굼뜨면 군홧발로 걷어찼다. 첫날부터 2km의 오르막길을 오리걸음으로 걸었다.

그리고 군대에서 처음으로 무시와 차별을 겪었다. 조교들이 우리를 모아 놓고 훈련소 내무반장을 뽑겠다며 희망자는 손을 들라고 했다. 나는 누구보다 빨리 손을 들었다. 내가 손을 들자 조교가 물었다.

"너 어느 학교 나왔냐?"

"창덕중학교 나왔습니다."

조교는 어이가 없다는 듯이 내 머리를 때리며 당장 앉으라고 소리쳤다. 그러면서 대학교 나온 사람들만 손을 들라고 했다. 그리고 내무반장은 대학을 나온 동기에게 돌아갔다. 창피하기도 하고 기분이 나쁘기도 했다. 내가 살아왔던 환경에서는 대학을 나온 사람을 본 적이 거의 없었고 대학을 다닐 필요도 없었다. 하지만 세상은 달랐다.

훈련소에서는 단순히 몸을 쓰는 일뿐만 아니라 암기해야 하는 것들도 많았다. 공부를 잘하는 동기들이 암기도 잘했다. 그리고 훈련소에 있는 간부들은 은근히 대학에 나온 사람과 아닌 사람을 차별했다. 제대를 하고 나면 반드시 공부를 해서 이런 설움을 당하지 말아야겠다고 다짐했다.

훈련소에서는 비인간적인 일이 비일비재했다. 우리 내무반을 담당하는 간부는 술을 참 좋아했는데 가끔씩 술을 먹고 새벽에 내무반에 와서 행패를 부렸다. 기상을 시키고 줄을 세우고 때렸다. 하루도 마찬가지로 술을 먹고 내무반원들을 모두 기상시켜 침상 위에 서게 했다. 그러더니 내무반장을 불러 몽둥이로 내무반장의 무릎을 몇 차례 가격했다. 다음 날 아침 내무반장은 병원으로 긴급 후송됐다. 후에 그는 의병 제대를 했다고 들었다.

힘들 것이라고는 생각했지만 이렇게 비상식적인 일들이 많이 일어날 줄은 몰랐다. 여기서 살아남기 위해서도 마찬가지로 독기를 품어야 한다는 것을 느꼈다. 그렇다. 어디에 가서든 살아남으려면 독기가 있어야 했다.

우여곡절 끝에 훈련소 생활이 끝나고 자대 배치를 받았다. 금촌에 있는 부대에서 박격포를 담당하게 됐다. 내가 있는 부대는 미군 옆에 있는 일종의 교육 부대였다. 그러다 보니 미군들을 볼 기회도 많았고 공부를 많이 한 부대원들도 많았다. 공부에 대한 생각이 더 많이 들었다.

나는 군번줄이 꼬였었다. 내 위로 3개월 고참 2명과 2주일 고참 2명이 있었다. 내가 말년병장이 되어도 내 위에 고참이 4명이나 있는 것이다. 특히 3개월 고참 중에 한 명이 지독히 나를 괴롭혔다. 이렇게 하다가는 군 생활이 힘들어질 수밖에 없었다. 어떻게든 2주일 고참과는 동기처럼 지내고 3개월 고참이 나를 쉽게 건들지 못하게 해야 했다. 그리고 나는 결심을 했다.

　나는 2주 차이가 나는 고참들과 동기처럼 어렵지 않게 잘 지냈다. 하지만 나를 괴롭히던 3개월 차이가 나는 고참은 그것을 못 마땅해했다. 그러던 어느 날 밤에 나를 불러내 구타하려고 했다. 군기를 잡겠다는 것이었다. 오늘 당하면 앞으로 평생 당하겠구나 싶었다. 그래서 나를 때리려던 고참에게 득달같이 달려들었다. 고참은 당황한 것 같았다. 내가 계속해서 위협을 가하자 그제야 줄행랑을 쳤다. 그 후에 다른 고참들에게 끌려가 버릇없다며 얻어맞긴 했지만 내 위에 3개월 고참의 괴롭힘으로부터 해방됐다.

잃어버린 한쪽 눈

　　한국군과 미군이 함께하는 팀스피리트 훈련 중이었다. 내가 맡은 박격포는 훈련을 할 때면 무거운 포를 들고 다녀야 했고 4인 1조로 움직여야 했기에 참 힘들었다. 게다가 박격포는 위험한 보직이기 때문에 군기도 엄격했다. 그래서 고참들에게 구타도 참 자주 당했다.

　　그날도 보통 훈련 때처럼 포신에 포탄을 넣으려고 할 때였다. 갑자기 굉음이 울렸고 연기가 내 앞을 가렸다. 순간 눈이 바늘로 찔린 것처럼 아팠다. 그리고 더 이상은 기억이 나지 않는다. 나는 정신을 잃고 쓰러졌던 것 같다.

　　갑작스럽게 포탄이 폭발한 사고였다. 나는 미군야전병원에서

응급처치를 받고 국군통합병원으로 옮겨졌다. 내가 의식을 차린 것은 사고가 발생한 지 3일 후였다. 몸에 박힌 포탄 파편을 제거하고 상처를 꿰맨 후, 눈 수술까지 마치고서야 의식이 돌아왔다. 의식이 돌아온 후에 나는 제일 먼저 붕대로 칭칭 감긴 두 눈을 만졌다. 겁이 나서 안절부절못하는 나에게 군의관은 수술을 잘 마쳤고 경과를 보자고 말했다.

어느덧 붕대를 푸는 날이 되었다. 나는 붕대를 풀면 다시 원래대로 돌아갈 수 있을 것이란 희망을 품고 있었다. 군의관은 붕대를 풀어주면서 왼쪽 눈은 포탄을 직통으로 맞는 바람에 안구가 완전히 파괴되서 전체를 들어내는 수술을 하였고 오른쪽 눈은 포탄 파편이 스쳐지나갔지만 다행이 상처가 깊지 않아 조만간 시력이 회복된다고 설명했다. 잘못했으면 두 눈을 모두 잃을 뻔했다는 설명도 덧붙였다.

일주일 후 나는 눈을 떠서 희미하게 사물을 볼 수 있었다. 그 뒤 몇 주의 치료를 더 받고 제대로 볼 수 있게 됐다. 다시 무언가를 볼 수 있다는 사실에 기분이 좋았다. 아마 겪어보지 않은 사람들은 눈으로 볼 수 있다는 것이 얼마나 큰 축복인지를 모를 것이다. 나는 기분이 들떠 화장실로 가서 거울을 봤다.

거울을 보고 비명을 질렀다. 왼쪽 눈이 있던 자리가 움푹 파여 있었던 것이다. 군의관으로부터 왼쪽 눈을 들어냈다는 설명은 들었지만 이런 형체일 줄은 몰랐다. 괴상했다. 소름이 돋았다. 이게 내 모습이라니 실감이 가지 않았다. 아주 나쁜 꿈일 거라 생각했다. 하지만 거울 앞에 내 모습은 그대로였다. 거울 앞에서 아무것도 하지 못한 채 나는 하염없이 눈물만 흘렸다. 아무런 생각이 들지도 않았다.

후에 인공 각막을 넣는 수술을 하였고 나는 부산국군통합병원으로 옮겨졌다. 몸이 회복된 후에 나는 본대에 잠시 들렀다가 의병제대를 하게 됐다. 국가 유공자라는 칭호와 함께 의안을 받았다. 내 모습을 본 부대원들은 눈물을 흘렸다. 그토록 기다렸던 제대를 빨리하게 됐는데 하나도 기쁘지 않았다. 그 누구도 나를 부러워하지 않았다. 부대를 나오자 정말 눈앞이 캄캄했다. 그렇게 나는 캄캄한 현실 앞으로 걸어가게 됐다.

군대시절. 그때까지 앞으로 벌어질 일을 모르고 있었다.

맞서다

죽기에는 너무 젊었다

내가 집에 돌아갔을 때 가족들은 충격을 받았다. 사고로 눈을 다쳤다는 것을 알고는 있었지만 가족들은 기술이 좋아져서 나을 수 있을 거란 막연한 기대를 하고 있었다. 가족들은 나 때문에 크게 울지도 못하고 그저 주저앉아 조용히 눈물을 흘렸다. 그 모습을 보고 있자니 가슴이 미어지는 것 같았다.

24살부터 나는 두 눈이 아닌 한 눈으로 세상을 살아가게 됐다. 눈이 두 개였던 세상과 하나인 세상은 전혀 달랐다. 일상생활에 심각한 지장이 있었다. 물도 제대로 따를 수가 없었다. 컵에 물을 따라서 마시려고 하면 제대로 따르지 못해 쏟는 일이 태반이었다. 제대로 초점을 잡을 수 없어 생긴 일이었다. 그래서 밖에 나가면 물을 따르는 일을 다른 사람에게 몰래 미루었고 집에서는 가족들을 놀라게 하지 않으려고 가족들 앞에서 물을 따라 마시지 않았다.

충돌하는 일도 비일비재했다. 왼쪽 눈이 실명되다 보니 지나가던 사람들이나 전봇대, 벽과 충돌하는 일이 잦아 사람들의 웃음거리가 되는 일이 많았다. 자존심이 강한 나에게는 무엇보다 힘들고 괴로운 일이었다. 왼쪽 눈 주위는 상처와 멍으로 성할 날이 없었다.

가장 힘들었던 것은 사람들의 시선이었다. 사람들이 내가 의안을 하고 다니는 것을 알아볼까 봐 겁이 났다. 그 당시에 했던 의안은 상당히 부자연스러웠다. 조금만 눈을 오래 마주치던 이상한 점을 누구나 발견할 수 있었다. 사람들은 자신들과는 다른 사람을 쉽게 알아차린다. 그리고 더 쉽게 자신들과 다른 사람들과의 선을 긋는다. 항상 당당했던 나는 한 눈이 없어진 이후부터 사람들과 눈을 마주치지 않기 위해 고개를 숙이고 다녔다. 언젠가부터 사람들이 쉽게 알아보지 못하도록 선글라스를 쓰고 다녔다. 하지만 잦은 충돌로 인해서 선글라스가 파손되는 일이 빈번했다.

집에 있을 때는 의안을 하지 않고 안대만 하고 있었지만 바깥에 외출할 때는 의안을 해야만 했다. 의안을 끼게 되면 눈 안의 부드러운 살갗이 짓눌려 상처가 발생하고 고름이 생겼다. 그로 인한 고통 때문에 눈을 뜨기도 힘들었다. 눈곱 등으로 인해 의안을 자주 세척해야 하는 불편도 있었다. 몰래 화장실에서 세척을 하고 있다가 다른 사람들이 보고 비명을 지르거나 나에게 화를 내는 일도 종종 있었다. 사회생활을 제대로 할 수가 없었다. 물론 마음의 준비는 어느 정도 했지만 도저히 적응되지 않았고 너무 혼란스러웠다.

그 때문에 나는 스스로를 고립시켰다. 도저히 바깥을 나갈 수가 없었다. 친구들을 만나는 것도 싫었다. 세상에 웃음거리가 될 것 같았다. 군대에서 꿈을 꿨었다. 제대를 하면 공부해서 못 배운 설움도 겪지 않고 돈도 많이 벌어야겠다는 생각을 했다. 하지만 이제는 나는 아무것도 할 수가 없을 것 같았다. 불면증으로 잠을 이루지 못했고 피로로 인해 오른쪽 눈이 충혈 되면서 눈을 뜨기도 힘들었다. 이런 사소한 불편으로 어떻게 세상을 살아갈 수 있을지 막막했다.

술을 마시고 태종대에 가는 버스를 탔다. '이대로 살아서 뭐할까.'라는 생각을 했다. 아무것도 할 수 없을 바에야 이대로 죽는 것이 더 편하겠다는 생각이 들었다. 버스를 타고 가면서 지난날들이 주마등처럼 스쳐 지나갔다. 부모님 생각이 나면서 그리움과 죄

송함에 눈물이 났다.

바다를 향해 걷기 시작했다. 앞으로 걸어갈수록 바닷물이 점점 내 몸을 적셨다. 바닷물이 참 차가웠다. 그렇게 바닷속으로 들어가던 중에 문득 허기가 느껴졌다. 배가 고팠다. 아직도 살기 위해 배고프다는 신호를 보냈다. 아직 내 몸은 죽을 준비가 되지 않았던 거다. 내 몸은 포탄을 맞고도 살아보겠다고 버텼다. 그랬는데 내가 지금 죽는다면 너무나 허무한 것 아닌가? 그랬다. 나는 죽기에는 너무 젊었다. 그날 집으로 들어가자마자 밥 두 공기를 해치우며 죽기 살기로 살아보자고 다짐을 했다.

다시 새로운 희망이 생겼다

먼저 돈을 벌어야 했다. 나는 익숙한 철공소에 들어가기로 했다. 하지만 철공소 일조차도 한쪽 눈도 성치 않은 내가 하기엔 너무 위험했다. 철공소 일을 알아보기 위해 만난 예전 동료도 마찬가지 얘기를 했다. 나에게 이번 기회에 다른 일을 알아보는 것이 어떻겠냐고 제안했다. 하지만 내가 할 줄 아는 것은 철공소 일밖에 없었다. 철공소 일 말고 다른 일을 구하는 것도 어려웠다.

제대로 초점을 잡지 못해 철공소 일을 하기 쉽지 않았다. 그동안 내가 가지고 있던 노하우들은 무용지물이었다. 물론 쉽진 않을 거라 생각했지만 시행착오를 조금만 거치면 다시 예전 실력이 나올 거라 생각했다. 하지만 계속 시도해도 나아지지 않았다. 내가 유일하게 잘하는 일을 못 하게 됐다는 것은 정말 큰 충격이었다.

이제 나는 돈벌이 수단이 없었다. 참 막막했지만 좌절하고 있을 시간이 없었다. 돈을 벌기 위해 바로 다른 일을 알아봤다.

철공소를 관둔 후에 집 근처에 있는 고무공장에 들어갔다. 나는 신발 밑창을 만드는 생산라인에서 근무를 시작했다. 굴론 기술이 없었던 나는 물건을 나르는 일부터 시작했다. 다행히 많은 분들의 배려로 힘든 일은 피했지만 신발을 만들 때 사용되는 본드 같은 여러 화학약품들이 문제가 됐다. 유해먼지들과 냄새들로 인해 눈에 고통이 왔다. 하지만 더 이상 물러설 곳이 없었다. 나는 이를 악물고 죽기 살기로 버티며 돈을 벌었다.

내 직장 동료 중에 전문대학을 다니는 사람이 있었다. 그는 낮에는 신발공장에서 일하고 밤에는 전문대학에 다녔다. 부모를 일찍 여의는 바람에 어릴 때부터 돈을 벌었는데 배우지 못하면 차별을 당한다는 것을 깨닫고 검정고시 공부를 시작해서 대학에 다니고 있다고 했다. 그때 검정고시라는 것을 처음 알게 됐다. '일단 입에 풀칠은 하고 보자'는 생각으로 고무공장에 취업했다가 공부 얘기를 들으면서 나에게 새로운 희망이 생겼다.

물론 군대에서 차별을 받으면서 막연히 제대를 하면 공부를 해야겠다고 생각은 했었다. 하지만 막상 제대하니 어떻게 해야 할지를 몰라서 손을 놓고 있었다. 나도 그 사람처럼 공부를 시작하고 싶었다. 배운다면 차별 안 받고 대접 받으면서 돈을 더 벌 수 있겠다는 생각이었다. 나는 동료에게서 어떻게 하면 검정고시를 할 수 있는지, 어떻게 하면 대학에 갈 수 있는지 자세히 물었고 퇴근길에 서면에 있는 부일 검정 고시학원에 등록했다. 그렇게 나는 주경야독 생활을 시작했다.

무작정 고시학원으로

나는 무작정 고시학월에 등록했다. 중학교 때 공부한 뒤로 처음 책을 잡는 것이었다. 그렇다 보니 선생님이 아무리 기초부터 설명을 해도 이해가 전혀 되질 않았다. 영어는 대문자, 소문자를 구별하지도 못했고 수학 시간에는 늘 계산이 틀렸다. 진도를 따라잡지 못하고 허무하게 집으로 돌아갔다.

주경야독 생활을 하면서 가장 힘들었던 것은 피로였다. 누구나 피로가 힘들긴 하겠지만 내 경우에는 피곤해지면 눈에 고통이 상당히 심해진다. 그래서 아무리 열심히 해도 최소한의 휴식은 반드시 취해야만 했다. 그래서 학원에 가서 강의시간에 엎드려 자기도 했다. 하루는 잠시 강의시간에 눈을 붙였다가 강의가 끝날 때까지 일어나지 못해 청소하는 아줌마가 나를 깨운 적이 있었다. 허무함을 느끼며 쓸쓸하게 집에 돌아갔다.

이래 가지고는 죽도 밥도 안 되겠다는 생각이 들었다. 나는 회사를 관두고 본격적으로 공부를 시작하기로 마음먹었다. 도저히 회사를 다니면서 공부할 수가 없었다. 부모님께 양해를 구하고 회사를 관뒀다. 그리고 검정고시 학원을 주간반으로 옮겼다. 공부를 시작하면서 나도 미래가 생긴 것 같았다. 공부하는 학생들과 어울리면서 미래에 대한 이야기를 하다 보니 나도 대학에 가고 성공하고 싶어졌다.

회사를 관두면서 남는 시간이 생기다 보니 운동을 시작할 수 있었다. 운동을 시작한 이유는 건강 때문이었다. 체력관리를 제대로 하지 않으면 나중에 각종 안과 질환이 발생할 수 있다는 의사의 말에 운동을 시작했다. 확실히 피곤할 때 눈의 통증이 더 심해졌다. 운동을 시작하는 것은 어렵지 않았다. 어렸을 적부터 나무를 하러 다니고 밭일을 하고 철공소 일을 하면서 다져진 체력이었다. 운동을 다시 시작하니 금방 다시 몸이 좋아졌다. 덕분에 눈으로 인해 사라졌던 자신감도 다시 생겼다.

다시 예전의 적극적인 나로 돌아올 수 있었다. 그로 인해 학원생들과 금방 친해질 수 있었고 나를 따르는 학원생들도 많았다.

그때부터 시작된 운동 습관이 지금까지 이어지고 있다.

그러면서 많은 학원생들을 알게 됐다. 학원생들은 나만큼이나 가지각색의 사연을 가지고 있었다. 싸움을 하다가 퇴학을 당한 사람, 다방 종업원, 공장 직원 등등이 있었다.

집이 가난해 공부의 시기를 놓친 사람들은 힘들어도 포기하지 않고 공부를 했고 가정 형편은 괜찮지만 한때의 실수로 학교를 졸업하지 못한 사람들은 자신들의 실수를 만회하기 위해 최선을 다했다. 모두가 본받을 만한 사람들이었다. 나는 더욱 그들에게 애정을 느끼고 싸움도 중재하고 상담도 해 주는 등 적극적으로 그들을 이끌었다. 덕분에 나는 학원생들에게 검정고시학원 전체 반장으로 추천을 받아 반장으로 활동했다.

부끄러운 것이 생겼다

공장에 다녔을 때는 돈이 있었지만 관둔 뒤로는 돈이 다 떨어져 학원비를 낼 수도 없었다. 예전보다는 나아졌지만 아직도 우리 집은 형편이 좋지는 않았다. 차마 학원비를 달라고 할 수는 없었다. 나는 뻔뻔하게 학원비를 내지 않고 다니기로 했다. 학원은 다녀야겠는데 그렇다고 돈은 없고… 어쩔 수 없는 선택이었다. 나도 나름대로의 논리는 있었다. 나는 학원에서 반장을 하고 있으니 학원비 정도는 면제 받아야 한다는 생각이었다.

어느 날 원장이 나를 불렀다. 학원비를 내지 않으면 학원을 나오지 말라고 했다. 원장은 학원 경비들에게 학생들이 출입할 때 학원 수강증 검사를 철저히 하도록 지시했다. 학원에 들어갈 때 수강증 검사를 하는 경비들에게 나는 학원 반장이라 따로 수강증이 필요 없다며 억지를 부리며 들어갔다. 매일을 그렇게 억지를 부렸다. 그러다 보니 처음에는 거세게 막았던 학원 원장과 경비들도 나중에는 포기를 했다. 지금 생각하면 창피하기도 하지만 그 당시에는 살기 위한 필사적인 몸부림이었다. 그때는 창피할 게 없었다.

학원을 열심히 다니다 보니 친한 선생님도 생겼다. 지금도 정확히 이름을 기억한다. 수학을 가르치셨던 강재학 선생님이었다. 나를 참 좋아해주셨다. 늘 그 선생님과 마주칠 때마다 응원과 칭찬을 받았던 기억이 난다. 나는 학원에서 공부도 잘하고 적극적인 학생이었다. 내가 갑자기 공부를 잘하게 된 데에는 이유가 있었다. 솔직히 고백을 하자면 나는 반장이면서도 공부에 대해 잘 몰랐다. 학원에는 적응했지만 공부는 적응하지 못했다. 그래서 학원에서 중간평가로 시험을 볼 때 공부 잘하는 친구의 답을 슬쩍 베껴 시험지를 제출했다. 그 덕분에 모범생이 될 수 있었다.

그러던 어느 날 수학시험을 보는 날이었다. 수학시험을 보는데 강 선생님이 계속 내 주위를 맴돌고 있어서 답을 베낄 수 없었다. 선생님은 내가 어떻게 문제를 푸는지 유심히 지켜보는 것 같았다. 미칠 것 같았다. 나는 전혀 수학문제를 푸는 법을 몰라서 계속 문제를 읽는 척만 했다. 시간이 지나도 내 시험지는 백지상태였다.

돈이 없어도, 친구가 없어도, 공부를 못해도 전혀 창피하지 않았
다. 그런데 이번에는 너무 창피해서 도저히 그 자리에 있을 수가
없었다. 나는 참다못해 백지 시험지를 내고 시험장을 재빨리 빠져
나갔다.

　얼마 후 나는 강 선생님을 찾아갔다. 그리고 선생님에게 고백을
했다. 수학을 하나도 이해하지 못해서 수학을 풀 수가 없다고. 학
원을 다니면서 수업을 이해해본 적이 거의 없었다고. 내 말을 들
은 강 선생님은 처음부터 다시 시작해보자고 하셨다. 아직 늦지
않았다고, 지금부터 시작해도 충분하다고. 그러면서 공부를 하는
것이 왜 중요한지를 설명해 주셨다. 그때 나는 진심으로 공부를
해야겠다는 마음을 먹게 되었다. 그렇게 내 인생의 큰 전환점이
시작되고 있었다.

밑바닥 생활

쉽지는 않았지만 나는 아주 기초부터 공부를 시작했다. 처음에는 너무 힘들었지만 차근차근 공부를 하니 조금씩 이해를 하기 시작했다. 그리고 얼마 후 검정고시 시험이 있었다. 나는 조심스럽게 시험을 응시했다. '혹시나' 하고 시험을 봤지만 결과는 '역시나'였다. 정말 혹독한 점수를 받고 시험에서 떨어졌다. 정말 절망적인 점수였다. 시험 점수가 나의 현재 위치를, 한 치의 오차도 없이 정확하게 가르쳐 주고 있었다.

다른 과목은 그런대르 점수가 오르고 있어서 다시 공부하면 할 수 있겠다는 생각이 들었지만 영어는 예외였다. 아무리 공부를 해도 영어는 이해가 가지를 않았다. 이런 식으로 다시 시험을 보더라도 또 떨어지겠다는 생각이 들었다. 평생 검정고시 합격을 하지 못할 것 같았다. 나는 검정고시 학원을 그만두고 집 근처 독서실을 등록했다. 그리고 각종 영어책을 들고 독서실로 갔다.

그날부터 영어책을 거의 통째로 암기했다. 그러면서 진전이 생기기 시작했다. 단어와 문장을 외웠더니 뜻이 이해가 가기 시작했다. 6개월 동안 책을 달달 외웠다. 얼마나 열심히 외웠던지 지금도 그때 외웠던 책의 문장을 읊을 수 있을 정도다. 이제 희망이 보이기 시작했다. 다시 검정고시를 보기로 했다. 하지만 돈이 필요했다. 학원비도 필요했고 용돈도 좀 필요했다. 때마침 아는 사람이 부산역 앞에 있는 바bar를 운영한다는 얘기를 들었다. 외국인을 대상으로 하는 바라서 거기서 일하면 돈도 벌고 영어도 연습할 수 있다고 생각했다.

지인의 소개로 바에서 일을 할 수 있었다. 소위 텍사스로 불리는 술집이었다. 외국인을 대상으로 하는 바였는데 아가씨들이 접대도 하는 그런 바였다. 부산역 근처에는 크고 작은 이런 바들이 여럿 있었는데 내가 일하게 된 곳은 6층 건물을 사용할 정도로 큰 곳이었다. 낮에는 학원을 다니고 밤에는 바에서 일하는 생활을 시작했다.

바에서 하는 일은 그리 어렵지 않았다. 물건을 나르고 테이블

정리를 하고 부족한 안주 등은 시장에서 구입해오면 됐다. 가끔씩 난동을 부리는 손님이 있으면 저지하고 영업이 끝나면 청소를 하면 됐다. 그러면 새벽 2시가 됐다. 어려운 일은 아니었지만 새벽 늦게까지 하는 일이라 힘들었다. 잠이 부족해지면서 다시 눈에 고통이 왔다. 상처에 고름이 생기는 등 고통이 이만저만이 아니었다. 또한 사람들을 상대하는 직업이라 사람들이 의안을 알아볼까봐 검은색 안경으로 눈을 열심히 가렸다. 몸이 힘들어 관둘까도 생각해봤지만 더 나은 미래를 위한 과정이라고 생각하고 참았다.

이곳에서는 여러 인간 군상들을 목격할 수 있었다. 여기서 일하는 아가씨들은 대개 성매대 업소를 전전했거나 돈 많은 외국인을 만나기 위해 온 사람들이었다. 이 여성들은 외모만으로 등급이 매겨져 대우를 받았다. 또한 업주는 방세, 침구, 가구, 화장품 등 모든 부대비용을 그녀들에게 청구했기 때문에 그녀들은 빚을 질 수밖에 없는 구조였다. 원하는 대로 돈 많은 외국인들과 결혼했다고 해서 행복한 사람은 많지 않았다. 여기서는 잘해주던 남자가 결혼을 하자 돌변하여 학대를 하는 경우가 많았다.

손님들 또한 마찬가지였다. 자신들의 욕구를 채우기 위해 돈을 써 가며 아가씨들에게 저급한 말을 하는 남자들을 쉽게 볼 수가 있었다. 또한 여기서 일하는 아가씨들과 손님들 중에는 성병으로 고생하는 사람들이 많았다. 무절제하게 세상을 살아가는 사람들이 치르는 대가였다. 이곳에서 내가 얼마나 성실하게 살아야 하는지를 뼈저리게 느꼈다. 나는 절대 이들과 같은 삶을 살고 싶지 않았다. 검정고시를 합격한 후 나는 바를 그만뒀다.

드디어 대학생이 되다

열심히 공부한 효과가 있었다. 그동안 번번이 발목을 잡았던 영어까지 합격하면서 검정고시가 통과되어 드디어 나도 대학 입학을 꿈꿀 수 있었다. 나는 곧바로 대입시험을 준비하기 위해 대입학원을 다녔지만 아직 내 실력으로는 강의 진도를 따라가기 힘들었다. 학원을 다니는 것은 시간낭비일 것 같았다. 그래서 다시 학원을 그만두고 시중 서점에 있는 문제집을 구입해서 독학을 하기로 했다.

독서실을 갈 시간도 아까워서 집에 있는 다락방에서 공부를 했다. 다락방은 큰형의 신혼방 위층에 있었다. 내가 거슬릴 만도 했겠지만 큰형 내외는 이해해 주셨고 형수님은 내 공부 뒷바라지까지 해 주셨다. 나는 화장실을 갈 때 빼고는 절대 내려가지 않았는데 형수님께서는 나를 위해 매일 밥상을 올려다 주셨다. 지금도 생각할 때마다 너무 죄송하고 감사하다.

나는 낮과 밤을 가리지 않고 공부를 했다. 자는 시간 말고는 계속 공부를 했다. 공부가 지겹고 힘들 때마다 대학생이 될 수 있다는 희망을 품으며 마음을 다잡았다. 그때 버들피리라는 가수의 〈꿈 찾아 가리〉라는 노래를 매일 들으며 노랫말을 되새겼다. 수학은 포기하고 암기할 수 있는 과목들 위주로 공부를 했다. 책을 다 외우겠다는 각오로 공부를 하니 가능성이 보이는 것 같았다. 3개월 동안 화장실 가는 것 말고는 내려오지 않고 공부하는 것을 보신 부모님은 나에게 기대를 하기 시작했다.

대입 시험 날, 개인용달을 하는 작은형이 나를 태워다 주었다. 가족들의 응원을 받으며 시험장으로 들어갔다. 아침 8시에 시작한 시험은 오후 3시가 돼서야 끝이 났다. 시험을 치고 나서 나는 이번엔 어렵겠다는 생각을 했다. 대입시험을 1년 더 준비할까 생각했다. 하지만 그러기엔 26살이라는 나이가 부담스러웠다. 다시 공부를 시작하더라도 학업에만 전념할 수가 없었다. 학원비를 벌려면 다시 아르바이트를 해야 하고 아르바이트를 하면 몸이 피로해져 집중해서 공부하기 쉽지 않다. 나는 시험 점수를 수긍하고 내가 갈 수 있는 대학을 찾아보기로 했다.

내 대입 시험 점수는 400점 만점에 185점이었다. 내심 기대했던 가족들은 내 점수를 보고 크게 실망했다. 언론에서는 대학에 들어갈 수 있는 점수를 공개했다. 지금은 상상할 수 없이 엄청난 유수의 대학이 되었지만 당시 내 점수면 동의대학교(1979년도 2년제 대학에서 4년제 대학으로 승격함)에는 원서를 접수해 볼 수 있다고 했다. 나는 기쁘게 동의대학교에 원서를 접수했다. 가족들은 내가 법대에 가길 원했다. 물론 지금도 그렇지만 그 당시 법의 힘은 어마어마했기에 법대에 가면 그럴듯해 보이는 부분이 있었다. 하지만 난 영문과를 선택했다. 영어 때문에 검정고시도 2번이나 불합격하는 등 영어는 늘 내 발목을 잡았다. 그런 영어를 잘하고 싶은 마음에 영문과를 지원했다. 물론 한동안 가족들에게는 비밀로 했다.

평범치 않았던 대학생활

드디어 꿈에 그리던 대학생이 됐다. 뭔가를 하지 않아도 그냥 기분이 좋았다. 신입생 오리엔테이션에 참석하라는 연락을 받고 오리엔테이션에 참석도 했다. 입학을 할 때는 마냥 기분이 좋았지만 그 후에는 상황이 좀 달라졌다. 정규 교육과정을 마친 동기들과 나의 실력 차이가 엄청났다. 나는 대학 수업을 도저히 따라갈 수가 없었다. 물론 나도 검정고시 학원에서 영어공부를 했지만 그들에 비할 것이 아니었다. 나는 아르바이트하는 시간을 제외하고 모두 영어공부에 매진했다. 영어 교습책을 구입해 다시 암기를 했다. 남은 시간에 모두 외우고 읽고 듣고 작문을 했더니 조금은 영어가 이해되기 시작했다. 1학년 1학기 여름방학이 끝날 때까지 이 과정을 반복했다.

2학기 과정은 외국인 교수가 직접 말하기, 듣기, 작문 등을 진행하는 수업이 많았다. 그렇다 보니 실력의 차이가 더 명확하게 드러났다. 1학기 때는 자존심이 상했다. 검정고시 출신이라고 은근히 무시를 받는 느낌이 있었는데 제대로 수업을 따라가지 못하자 창피하고 분해서 수업을 가기 싫었다. 본때를 보여주고 싶지만 나는 그럴 수가 없었다. 하지만 2학기는 달랐다. 외국인 교수와 대화도 할 수 있었고 영어 작문도 무리 없이 해냈다. 다들 놀란 눈치였다. 2학기 때는 성적이 상위권에 위치할 수 있었고 나는 다시 자신감을 회복했다.

나는 대학교에서 공부만 했던 것 같다. 물론 나도 캠퍼스 생활을 즐기고 싶었던 마음이 없었던 것은 아니다. 하지만 내가 비싼 등록금을 내고 대학에 다니는 이유는 대학 생활을 즐기기 위해서 온 것이 아니라 공부를 하기 위해 온 것이었다. 공부를 해서 보다 나은 삶을 살기 위해서였다. 내가 갖고 있는 가난과 장애를 극복하기 위해선 남들보다 몇 배는 더 열심히 해야만 했다. 그래야만 그들을 따라잡을 수가 있었다. 나는 과 모임에도 잘 가지 않고 오로지 공부에만 집중했다. 그럼에도 다행히 함께 공부할 수 있는 좋은 친구들은 사귈 수 있었다.

나는 2학년 때부터는 영어잡지를 읽고 내용을 발표하는 동아

리 활동을 했다. 동아리 활동으로 나의 현재 영어 실력과 다른 학
생들의 실력이 어느 정도인지를 알아볼 수 있었다. 나는 영문과에
서 주최하는 영어웅변 대회에 참가하기도 했는데 직접 자신이 연
설문을 작성하고 암기하여 연설을 하는 대회였다. 나는 나름대로
연설문을 암기하여 연설을 했지만 입상하지 못했다. 순간 이해가
가지 않았다. 연설문도 훌륭했고 무엇보다 참가자 중에 연설문을
암기한 사람은 나밖에 없었다. 현장에 있던 내 친구들과 몇몇 학
생들도 이의를 제기했다. 하지만 주최 측에서 제기한 문제를 듣고
나는 수긍할 수밖에 없었다. 발음이 안 좋았던 것이다. 누가 봐도
내 발음은 좋지 않았다. 혼자서 듣기, 쓰기까지는 됐어도 말하기
는 쉽지 않았다. 그렇게 나는 또 다시 부족한 점을 알게 됐고 다시
내 부족한 점을 채우기 위해 노력했다.

대학교 생활은 공부했던 기억밖에 나지 않는다. 하지만 그래도
배운다는 것이 즐거웠다. 그리고 함께 공부할 친구들이 있어 더
즐거웠다. 늦은 나이에 대학 생활을 하다 보니 풍족하지 않았다.
친구들과 함께 도시락을 싸와 같이 점심을 먹었다. 그 중에 한 친
구가 하루에 300원씩 모아서 맛있는 것을 먹으러 가자고 했다. 우
리 4명은 한 달 동안 300원씩 모아서 학교 앞에 있는 고깃집에서
삼겹살을 먹기도 했다. 대학 생활은 그렇게 부족했지만 조금씩 채
워가는 재미가 있었다.

불가능할 것 같았던 취업

　어느덧 나도 대학교 4학년이 됐다. 대학교 4학년들은 취업 걱정 때문에 늘 초조하다. 나 역시 취업 때문에 4학년 때는 늘 초조했었다. 학교 취업실에서 연락이 와서 가 보면 내키지 않는 곳들뿐이었다. 나는 내가 가고 싶은 회사에 당당하게 입사 시험을 통과해서 들어가고 싶었다. 1학년 1학기 이후로는 학점관리도 잘되어 있었고 취업에 필요한 무역 영어 자격증도 가지고 있었다. 또한 어학 실력도 자신이 있었다. 그리고 본격적인 취업시즌이 돌아왔다.

　대기업부터 중소기업까지 원서접수 날짜가 발표되었다. 이때 내가 생각지도 못했던 문제가 발생했다. 바로 나이 제한이었다. 기업들은 대개 남자 신입사원의 나이를 28살로 제한하고 있었다. 간혹 29세도 있긴 했지만 30세는 어디에도 없었다. 그 때문에 원서접수 자체를 할 수가 없었다. 나는 이러지도 저러지도 못하고 애만 태우고 있었다. 원서를 받아주지 않아 직접 원서를 들고 방문하기도 했다. 몇 군데를 다녔는지 모르겠다. 이리저리 발로 뛰어다녀 봤지만 달라지는 것은 없었다.

답답한 마음에 학교 총장님을 찾아가 면담을 신청했다. 총장님께 시험만이라도 칠 수 있도록 도와달라고 부탁드렸다. 얼마 후 은행의 추천서를 받을 수 있었고 은행인사부에 원서를 제출하라는 연락을 받았다. 서울 여의도에 있는 은행 본점에 원서를 제출하였고 시험을 칠 수 있는 기회를 얻었다. 시험을 본다는 것만으로도 가슴이 벅찼다.

필기시험은 어렵지 않게 합격을 했다. 문제는 최종면접이었다. 면접관들은 철공소 경력, 검정고시 출신, 장애가 있는 사람은 은행과 어울리지 않다고 했다. 나는 이런 이력들이 오히려 나를 빛나게 하는 이력이라고 받아쳤다. 끈기와 노력의 상징이 될 것이라고 면접관들을 설득했다. 조마조마했다. 과연 면접관들은 나를 받아줄 것인가. 가슴을 졸였다. 이번 기회를 놓치면 또 언제 기회를 얻을지 몰랐다. 어쩌면 마지막이 될지도 몰랐다.

얼마 후 합격자가 발표됐다. 나는 주택은행에서 합격 연락을 받앗다. 지난 세월들이 주마등처럼 스쳐 지나갔다. 철공소 생활, 군대에서의 사고, 그리고 절망의 시간들, 검정고시, 대학교 4년간의 생활…. 이런 고난을 이기고 나는 남들이 다 들어가고 싶어 하는 주택은행에 입사했다. 의지가 있다면 얼마든지 내 삶을 개척할 수 있었다는 것을 다시 한 번 확인했다. 새로운 인생의 2막이 열리고 있었다.

처음이자 마지막 연애

취업을 하자마자 가장 먼저 하고 싶었던 일이 있었다. 바로 연애다. 대학을 다니면서 나는 단 한 번도 연애를 하지 않았다. 아니 할 수가 없었다. 연애를 하는 것은 나에게 사치라고 생각했다. 반듯한 회사에 들어가는 것이 나의 목표였다. 그러기 위해선 공부를 해야 했고 남은 시간은 아르바이트를 해야 해서 도저히 시간이 나지 않았다. 지금 내 앞가림도 못하는데 내가 다른 사람을 만난다는 것은 말도 안 되는 일이었다.

물론 마음에 두고 있는 여자는 있었다. 언젠가 검정고시 동문들끼리 모임을 가진 적이 있었다. 그때 한 여성을 보게 됐다. 첫인상이 정말 좋았다. 당장이라도 차라도 한잔하자고 말하고 싶었지만 차마 할 수가 없었다. 그 후에도 그 여자의 모습이 잊히지 않았다.

여자를 만난다면 그 여자를 만나고 싶었다. 아니면 그 여자와 비슷한 여자라도 만나고 싶었다.

주택은행에 합격한 이후에 여유가 생겨 평소에 만나지 못했던 검정고시 선, 후배들을 만나고 다녔다. 하루는 호텔에서 근무하다가 식육점을 개업한 후배를 만나러 갔다. 후배와 만나서 대화를 나누다가 깜짝 놀랐다. 예전에 만났던 그녀가 다시 나타난 것이다. 예쁘고 늘씬하고 여성스럽고 평소 내가 꿈꾸었던 이상형이었다. 상대를 배려하는 마음씨를 보고서는 이 여자를 절대 놓칠 수가 없다고 생각했다. 내 마음을 알아차리고 후배는 그녀와 함께할 수 있는 자리를 한 번 더 만들어주었다.

그날 나는 조심스럽게 그녀에게 고백을 했다. 예전부터 마음이 있었다고. 한번 만나보면 어떻겠냐고. 그녀는 내가 오래전부터 마음이 있었다는 것을 알고 놀랐다. 그녀는 잠시 고민을 하다가 만나보겠다고 했다. 이렇게 31살에 내 첫 연애가 시작됐다. 그녀는 참 부끄러움을 많이 탔다. 그녀 또한 연애 한 번 해 보지 못한 순박한 농촌 처녀였다.

그녀는 물 맑고 경치 좋은 경남 산청군에서 태어났다. 농사짓는 가정에서 1남 5녀 중에 넷째로 태어났다. 그녀는 비교적 부유한 집에서 자라 진주에서 여고를 다니기도 했다. 하지만 부모님이 매일 사고를 치는 오빠의 뒷바라지 때문에 힘들어 하는 걸 보고 대학 진학을 포기했다. 그리고 그녀는 부산에서 직장을 다녔다. 그녀는 매달 월급날만 되면 선물을 들고 고향을 들를 정도로 효심이 깊었다. 이렇게 예쁘고 늘씬한 외모에 효심까지 깊어 여기저기서 선 자리가 들어왔다. 하지만 그녀는 모든 선 자리를 거절했다. 그랬던 그녀가 나에게 왔다. 마치 운명 같았다.

내가 그녀를 친구들 모임에 데리고 나가면 친구들은 모두 나를 부러워했다. 늦게 시작한 연애였지만 그녀에게 푹 빠져서 시간 가는 줄 몰랐다. 내 삶은 늘 치열했다. 늘 내 주위에는 시련이 맴돌았고 그 시련을 극복하기 위해서는 치열하게 살아야만 했다. 공부를 하고 취업하면서 느꼈던 성취감이 내 삶에서 가장 큰 즐거움이었다. 그러던 나에게 새로운 즐거움이 생겼다.

만난 지 얼마 되지 않았지만 나는 이 여자와 진지하게 만나고 싶었다. 그래서 나는 내 아픔을 고백하기로 했다. 내 주변 사람들도 내가 한쪽 눈을 잃어 의안을 착용하고 있다는 사실을 몰랐다. 정말 이 사실은 철저하게 숨기려고 노력했다. 누군가 그 사실을 알면 나를 무시하거나 또는 동정할 것 같았다. 물론 내가 매일 선글라스를 쓰고 다니자 궁금해하는 사람들도 있었다. 그때마다 나는 눈이 쉽게 피로해지는 편이라서 선글라스를 쓴다고 둘러댔다. 하지만 그녀에게 만큼은 고백을 해야 했다. 그녀와 평생을 함께 하기 위해서는 꼭 거쳐야 하는 과정이었다. 만일 그녀가 이 사실을 알고 나와 이별을 하려고 한다면 차라리 빨리 겪는 게 낫다고 생각했다.

그녀에게 고백을 했다. 군대에서 폭탄이 터지는 사고가 발생해 한쪽 눈을 잃게 됐다고. 그래서 왼쪽 눈은 의안을 착용하고 있다고. 이제야 알려줘서 미안하다는 말도 덧붙였다. 그 순간이 너무나 떨리고 두려웠다. 그녀가 어떤 반응을 보이냐에 따라 나는 천국과 지옥을 맛볼 것이었다. 행여나 그녀가 곁에 남아주기를 바라면서도 그녀는 나를 떠날 것이라는 생각이 들었다.

그녀는 정색하며 말했다. "그게 그렇게 중요한 일인가요? 나는 당신의 내면의 모습을 사랑하는 것이지 당신의 외면을 사랑하는 것이 아니에요. 당신이 한쪽 눈이 있건 없건 당신이라는 것은 변함없는 사실이니까 아무 상관 없어요."

그 순간 나는 눈물이 났다. 나는 늘 불행하다고 느꼈다. 절대로 불행에서 벗어날 수 없을 거라는 생각을 해본 적도 있다. 세상은 늘 나 혼자였다. 그래서 늘 가슴에 독을 차고 살았다. 그녀 덕분에 세상에 나 혼자가 아니라는 것을 알게 됐다. 나도 행복할 수 있다는 것을 알게 됐다. 신은 나에게 이렇게 좋은 선물을 주기 위해 그 동안 시련을 겪게 했던 것 같다. 나는 이 여자에게 평생을 헌신하겠다고 다짐을 했다.

첫 출근

드디어 주택은행에서 연수 일정이 통보되었다. 주택은행 연수원은 서울에 있어서 서울르 향했다. 그 때문에 그녀와 잠시 떨어져야 했다. 나는 잠시도 떨어지고 싶지 않았지만 어쩔 수 없이 연수원으로 향했다. 연수생들 중에서는 역시 내가 가장 나이가 많았다. 고졸 연수생과 대졸 연수생이 같이 연수를 받았기에 나와 10살이 넘게 차이 나는 연수생도 있었다.

연수생들에게 가장 중요한 것은 주산이었다. 다른 수업은 다 따라갈 수가 있었는데 도저히 주산은 따라갈 수가 없었다. 연수원에서 배우는 내용 중에서 계산하는 부분이 많았다. 고졸 연수생들 대부분은 주산 1급이었다. 연수원 생활을 하면서 다른 연수생들에게 내가 많이 밀린다는 것을 깨닫게 되었다.

연수원 말미에 시험을 봤다. 다른 학과 시험은 모두 통과했는데 주산시험은 역시 통과하지 못했다. 검정고시 영어시험 이후로 처음 해 보는 낙제였다. 주산시험은 발령 받은 지점에서 다시 봐야 했다. 다시 나의 도전의식을 자극했다.

내 첫 발령지는 주택은행 연산동 지점이었다. 나는 당시 전포동에 살았는데 은행에서 내 출퇴근 거리를 배려해줘서 발령한 곳이었다. 은행은 나에게 참 생소한 곳이었다. 우리 집안에는 물론이고 주위에 은행을 다니는 사람이 없었다. 그렇다 보니 은행에 대한 생리를 전혀 알지 못한 상태에서 출근을 했다. 나는 검은색이 들어간 안경을 끼고 출근을 했다. 내 왼쪽 눈을 가리기 위함이었다. 출근하자마자 지점에서 호랑이라고 소문난 강 차장의 호통이 쏟아졌다. 내 안경을 보고서는 지금 여기 소풍 왔냐면서 당장 안경을 벗으라고 고함을 쳤다.

나는 당황해서 이러지도 못하다가 조용히 강 차장에게 다가가서 자초지종을 설명했다. 차장은 나를 이해해주며 오늘은 근무를 하지 말고 집으로 가서 은행에서 근무해도 될 법한 안경을 맞추고 오라고 했다. 나는 그 길로 가서 안경 렌즈 색을 다시 연하게 맞추고 다음날 출근을 했다. 첫날부터 배려해 준 강 차장에게 감사했다.

은행원의 하루 일과는 은행 문을 열기 1시간 전에 출근하여 30분 동안 교육을 받고 30분 정도는 업무 준비를 한다. 30분 교육은 매일 매일 다른 프로그램으로 진행한다. 지점마다 따로 정할 수는 있으나 대부분 월요일은 은행 및 지점 실적 분석, 화요일은 친절교육, 수요일은 공문교육, 목요일은 선배들의 업무교육, 금요일은 자체 게임 등을 한다. 그리고 업무 준비를 할 때는 본부에서 추진 중인 각종 실적 캠페인의 내용을 설명하고 합심해서 좋은 성적을 내라고 독려를 한다.

내가 처음 맡은 업무는 그 당시에 한창 유행했던 주택부금 수납을 하는 일이었다. 수납업무는 대체로 여직원들이 하는데 신입인 나에게 그 임무가 주어졌다. 계산이라는 것에 익숙하지 않다 보니 돈을 제대로 받고 제대로 준 것 같은데도 마감을 할 때면 시재가 비었다. 기가 찰 노릇이었다. 그 다음 날에는 정신을 차리고 했지만 또 시재가 일치하지 않았다. 오래된 선배들도 시재가 틀리는 일은 많았다. 하지만 그들은 무엇 때문에 시재가 틀렸는지 쉽게 알아냈고 해결을 했다. 그때 경험이 정말 중요하다는 것을 깨달았다.

그 다음에는 어음교환 업무를 봤다. 어음교환 업무는 창구에서 입, 출급 업무 중 받은 각종 수표, 어음 등의 유가증권을 한국은행에 제출하고 다음 날 타 은행 직원들과 금융결제원에 모여서 자기 은행의 어음수표를 받아 각 지점에 나눠 주는 정산 같은 일이었다. 금융결제원에는 각 은행 지점에서 파견 나온 직원들이 자리에 앉아 입금과 지급을 맞췄다. 받은 금액과 지출할 금액을 대조해서 계산이 맞으면 빨리 돌아갈 수 있었고 계산이 늦게 맞으면 그만큼 늦게 돌아가야 했다. 빨리 끝나면 공원에서 산책을 즐기는 여유를 부릴 수 있었지만 초반에는 나 때문에 더디게 끝났다.

　나는 그렇게 새로운 환경에 적응하고 있었다. 나는 내가 열심히만 하면 다 잘할 거라고 생각했다. 하지만 경험의 필요성을 절감했다.

겁 없는 신입사원

내 신입사원 생활은 쉽지 않았다. 은행 직원들은 대개 상고 출신들이 많았다. 대졸자는 각지점마다 한 명에서 많아야 두 명 정도였다. 부산 쪽에는 대개 부산상고나 대구상고 출신들이 많았다. 같은 출신 동문들이 많다 보니 선후배 관계를 매우 중요시했다. 물론 후배들이 선배들을 모시느라 고생을 하기도 했지만 선배들이 많이 끌어주는 부분도 있었다. 검정고시 출신에 대졸자인 나는 공통점이 없어서 그들과 쉽게 어울리지 못했다. 그러다 보니 나는 더 독기가 생겼다.

우리 지점은 부산에서 바쁜 지점 중에 하나였다. 그러다 보니 바쁘게 하루하루가 지나갔다. 은행일 자체는 힘들지 않았지만 스트레스를 많이 받았다. 직장 내의 선배들은 대개 나보다 나이가 한창 어린 동생뻘들이었다. 그들은 고등학교를 갓 졸업하고 20세부터 은행에 입사했다. 보통 26~27살에 대개 시험을 통과하고 28세쯤에 대리 직함을 달고 근무를 한다. 반면에 31세에 은행 근무를 시작한 나는 그들에 비해 출발이 상당히 늦었다. 그래서 더 선배들을 고깝지 않게 여겼던 것 같다.

은행에 입사한 나는 모든 직원들에게 눈이 불편하단 사실을 숨겼다. 그 때문에 오해도 많이 받았고 실수도 많이 했다. 그 당시 다른 지점 혹은 근처 타 은행과 친선축구를 하는 것이 유행이었는데 나는 눈이 불편했기 때문에 축구를 할 수 없었다. 몸이 좋지 않다거나 축구를 할 줄 모른다고 핑계를 대며 축구시합에 나가지 않았다. 앞장서서 뛰어야 할 신입사원이 시합에 뛰지 않겠다고 하니 다른 남자 직원들 입장에서는 좋게 보일 리가 없었다.

한쪽 눈이 보이지 않는 것은 어느 정도는 적응을 했지만 그렇다고 불편함이 없어진 건 아니었다. 눈에 초점이 안 맞는 일이 비일비재했다. 특히 회식 자리에서 술을 따르는 일이 많았는데 번번이 술을 엎지르는 경우가 많았다. 그렇지 않아도 나에 대한 시선이 좋지 않았는데 이런 실수까지 하니 그들은 더욱 나를 멀리했다. 그 후에 나는 술을 따를 때 술잔을 잡고 따르거나 상대방 손을 잡고 따르는 습관을 들여 실수를 하지 않았다.

내가 선배들의 미움을 산 결정적인 계기는 숙직할 때였다. 은행 직원들은 돌아가면서 2인 1조가 되어 숙직을 했다. 돌아가면서 숙직을 하다 보니 공휴일이나 명절에 숙직을 하는 경우도 있었다. 보안감사가 수시로 은행 지점들을 돌아다니면서 문단속이 잘되어 있는지 확인을 다녔기 때문에 더 철저하게 해야 했다. 숙직을 할 때에는 숙직시계가 따로 있어서 밤 몇 시에 순찰을 돌았는지를 기록해야 하고 그 증거까지 같이 제출해야 했다.

내가 숙직을 보던 어느 날이었다. 선배 한 명과 숙직을 보고 있었는데 여러 명의 선배들이 밤 11시가 되어서 지점으로 돌아왔다. 얼큰하게 취한 그들은 숙직실로 들어와서 숙직을 보던 선배와 함께 화투를 쳤다. 다른 건 몰라도 나는 잠에 관해서는 예민했다. 의안을 착용한 채로 눈을 뜨고 감으면 의안이 살갗에 접촉하면서 상처가 나고 눈에 고름이 생긴다. 그 때문에 눈의 휴식이 절대적으로 필요했고 내일 근무를 위해서라도 잠이 필요했다. 그래서 선배들에게 12시까지만 하고 돌아가 달라고 부탁을 했다. 선배들은 언짢아하는 기색을 보이다가 다시 화투에 열중했다. 12시가 넘어서도 선배들은 큰소리로 떠들며 화투를 쳤다. 도저히 참을 수가 없었다. 나는 선배들에게 가서 나는 갈 테니 당신들이 숙직을 하라고 소리치고 선배들의 반응을 볼 새도 없이 나와 버렸다.

나와 숙직을 같이 한 선배가 따라 나와 나를 붙잡았다. 숙직실에서 화투를 치는 것은 숙직하는 사람들을 위한 것이고 매번 이렇게 하는데 왜 별거 아닌 일에 흥분하냐고 물었다. 조직에서 선배들에게 이렇게 하면 안 된다며 돌아가서 선배들에게 사과하라고 했다. 나는 원리원칙대로 하자며 사과를 거부했다. 덕분에 선배들에게 더 미움을 사게 됐다. 하지만 내가 숙직을 보는 날에는 그런 일을 두 번 다시 겪지 않았다.

은행에는 휴가가 참 많다. 연차, 월차, 병가 및 단련 휴가 등이 있다. 연차와 월차는 돈으로 정산 받을 수 있기 때문에 대부분 단련 휴가만 사용한다. 은행의 경우 한 명이 휴가를 가면 남아 있는 사람들이 휴가 간 직원의 몫까지 업무를 봐야하기 때문에 휴가 날짜도 신중하게 짜야 한다. 바쁜 날에 휴가를 신청하면 휴가 결재를 안 해주기도 한다. 그리고 신입들은 선배들의 눈치도 봐야 한다. 휴가를 5일 다 사용하는 직원들은 없었다. 만약 휴가 5일을 다 쓰는 신입이 있다면 그 신입은 보통 강심장이 아니다.

업무가 바빠 그녀와 만나는 시간이 많이 줄었다. 특히 말일은 자정에 끝나는 경우도 많아 그녀가 많이 서운해하는 것 같았다. 그래서 나는 함께 휴가를 가자고 했고 그녀가 승낙을 했다.

나는 지점에 가서 휴가를 신청했다. 휴가를 담당하는 대리가 나에게 와서 차장이 화를 낼 것이라며 휴가를 변경하라고 했다. 하지만 나는 미리 일정을 잡아 놓은 게 있어서 어쩔 수가 없다며 그대로 결재를 올려달라고 부탁했다. 잠시 후 차장이 나를 불렀다.

은행 들어온 지 3개월 박에 안 된 놈이 휴가를 5일이나 쓰는 게 말이 되냐며 선배들도 여름휴가 때 3일 정도밖에 사용하지 않는다고 화를 냈다. 3개월 된 신입사원이 바로 휴가를 쓰는 것도 모자라 5일을 다 쓰겠다니… 누구라도 기가 찼을 것이다. 그 당시에 나는 그녀와 휴가를 빨리 가고 싶은 마음뿐이었다. 내 휴가를 못 쓰게 하려고 하는 차장이 야속할 뿐이었다. 선배들도 나를 설득했다. 1년에 5일 있는 휴가를 다 써 버리면 나중에 일이 생겼을 때 쓸 휴가가 없어지니 이틀만 남겨두라고 설득했다. 그러나 나는 물러서지 않았다. 결혼할 여자와 가는 여행이라 모든 것이 다 예약되어 있다며 이번만큼은 어쩔 수가 없다고 했다.

휴가 가는 전날까지도 휴가가 결재되지 않았다. 나는 퇴근할 때 차장님에게 잘 다녀오겠다는 인사를 하고 다음 날 휴가를 떠났다. 내가 생각해도 나는 참 닥무가내였다. 그때는 내게 주어진 휴가를 가는 것인데 왜 못 가게 하는 지 이해가 되지 않았다.

회사일은 나중에 생각하고 휴가를 즐겼다. 4박 5일 동안 전국을 돌아다녔다. 즐겁게 휴가를 다녀는 왔지만 회사를 출근하자 걱정이 됐다. 선배들의 미움을 받는 것도 모자라서 차장에게까지 미움을 사면 아무리 나라도 회사 생활이 쉽지 않아진다. 가슴을 졸이며 출근을 했는데 다행히 차장은 아무렇지 않은 듯 나를 대해줬다.

지금 생각하면 그때 나는 여유가 없었던 것 같다. 내 스스로 벽을 두고 막무가내로 행동했던 것 같다. 늘 마음에 독을 차고 있었다. 나는 어떻게든 불행을 이겨내고 성공해야 한다는 강박관념이 있었다. 내 안에는 나밖에 없었다. 나를 가장 먼저 생각했기 때문에 독선적인 행동을 했던 것 같다. 그 후에 함께 호흡하는 법의 소중함을 알게 됐지만….

아찔했던 순간들

　나는 신입사원임에도 눈치 보지 않고 행동을 했지만 업무 중에는 최선을 다했다. 강 차장은 나에게 모출납이라는 업무를 맡겼다. 모출납이란 창구에서 돈을 수납하는 모든 직원들의 돈을 관장하는 업무였다. 업무 시간에는 큰돈을 지급하는 일을 맡고 업무 마감 시간에는 창구 직원들이 가지고 있는 모든 돈을 회수하여 금고에 보관했다가 다시 업무를 시작할 때 창구 직원들에게 돈을 내어 주는 업무였다. 제법 중요한 업무였는데 이 역할을 나에게 맡긴 것이다. 아무래도 내가 배짱이 있기 때문에 큰돈을 맡겨도 잘할 거라고 생각했던 것 같다.

　근무 중에 지금 생각만 해도 아찔했던 일들이 있다. 우리 지점은 군인들의 월급을 지급하는 국고대리점이었다. 그래서 매달

25일만 되면 군인과 군무원들로 지점이 붐볐다. 은행 정문 입구
는 헌병 두 명이 총을 들고 지키고 서 있었고 은행 앞에는 군용차
가 즐비하게 늘어서 있었다. 그러다 보니 그날만 되면 정신이 없
었다.

　평소와 똑같이 군인들에게 돈을 지급했는데 평소와 달리 순순
히 가는 군인들을 보고 조금 이상하다 싶었다. 군인들의 월급을
주는 날이면 군인들은 꼭 신권을 달라며 떼를 썼다. 지점에 있는
신권이 한정되어 있기 때문에 군인들에게 다 줄 수는 없어 월급날
이면 신권을 가지고 실랑이를 벌이는 일이 많았다. 이상하다는 생
각이 들어 결재된 전표를 보니 5천만 원이 찍혀 있었다. 5백만 원
을 줘야 하는데 5천만 원을 지급한 것이다. 다행히 군인들이 나가
기 전에 군인들에게서 돈을 회수할 수 있었다. 물론 이렇게 큰돈
을 찾을 수 있기는 하겠지만 돈이 은행 밖으로 유출되면 일이 복
잡해진다. 그제야 '내가 쉬운 일을 하고 있는 게 아니구나'라는 생
각이 들었다.

　시재와 관련된 사고는 계속 있었다. 은행에서 시재가 틀렸을 때
는 반드시 원인 규명을 해야 한다. 그나마 돈이 많을 때보다는 돈
이 부족할 때가 낫다. 남은 돈의 원인을 규명하지 못하면 가수금
이라는 계정에 입금을 하여 잘못 지급한 고객이 찾아올 때를 대비

해야 한다. 그렇게 되면 이래저래 피곤한 일이 많다. 하지만 적은 액수의 돈이 모자라면 자기 돈을 맞춰 넣으면 하루 일과가 빨리 끝날 수 있다.

하루는 돈이 백만 원이 빈 적이 있었다. 몇 번을 확인해 봐도 백만 원이 비었다. 지금도 백만 원은 적은 돈이 아니지만 그 당시에는 정말 큰돈이었다. 적은 액수야 운이 없다고 생각하고 채워 넣으면 되지만 채워 넣기엔 너무 큰 금액이었다. 어떻게든 틀린 금액을 찾아내야 했다. 10만 원 안쪽의 금액은 찾기가 힘들었지만 큰 금액은 의외로 찾기가 쉬웠다. 하지만 이번엔 전표를 아무리 뒤져봐도 찾을 수가 없었다. 내가 백만 원을 다 물어줘야 할 상황이었다.

단 한군데 미심쩍은 곳이 있었다. 하지만 연락을 받지 않았다. 발만 동동 굴렀다. 이제 꼼짝없이 내가 책임을 져야 할 상황이었다. 담당 직원이 함께 해당 고객의 집을 찾아가보자고 제안했다. 내 잘못으로 동료에게 폐를 끼치기 싫어서 혼자가고 싶었지만 담당 직원 역시 책임을 함께 져야 했기에 나와 동행을 할 수밖에 없었다. 집에서 기다리다가 다행히 그 고객을 만났고 고객과 함께 돈을 확인하다가 돈을 찾을 수 있었다. 나는 정말 오랜단에 누군가에게 신세를 졌다. 그러면서 세상은 나 혼자서 살아가는 것이 아니라는 것을 느낄 수 있었다.

CHAPTER 3

이루다

결혼식

주택은행은 나에게 너무나 소중한 직장이었다. 주택은행이라는 직장이 있기에 내가 사랑하는 여자와 미래를 꿈꾸고 미래를 준비해 나갈 수 있었다. 나는 하루 일과가 끝나면 어김없이 그녀를 만나러 갔다. 서면의 ‘대학주점’, 자갈치에 있는 ‘16번 곰장어집’, 남포동에 있는 ‘쪽샘’ 등은 우리의 단골 데이트 장소였다. 너무 늦게 끝나는 날에는 그녀의 집으로 찾아갔다. 집으로 찾아가면 눈치가 많이 보였다. 다세대 주택이라서 초인종을 누를 수도 없었고 담을 넘어 그녀의 집 문을 두드렸다. 하지만 이때 그녀의 동생까지 깨는 경우가 많았다. 매일 밤에 찾아오는 나를 그녀의 동생은 달가워하지 않았다.

그녀와 매일 만나면서 그녀의 사정도 잘 알게 되었다. 그녀의 집안 형편은 괜찮은 편이었지만 그녀의 오빠가 저지른 일들을 수습하느라 형편이 좋지는 않았다. 심지어 그녀가 돈을 아껴서 장만한 집을 그녀의 오빠가 모두 탕진하기도 했다. 사정이 이렇다 보니 그녀도 모아 놓은 돈이 없었다. 입사한 지 얼마 되지 않은 나도 마찬가지였다. 하지만 이런 상황에도 우리는 결혼을 하기로 결심했다.

은행이라는 직장은 복지가 정말 괜찮았다. 아마 은행이라는 직장이 아니었다면 결혼이 훨씬 늦어졌을 것이다. 다행히 은행에서는 결혼할 때 전세자금을 지원해 주었다. 하지만 전세금 지원에는 조건이 있었다. 해당 입대한 집에 전세권 설정을 하도록 되어 있었다. 그래서 집 주인들은 은행원에게 세를 주는 것을 꺼려했다. 그래서 전셋집을 찾아서 여기저기 돌아다녔다. 그러다 다행히 가정집 2층에 전셋집을 구했다.

1986년 12월 7일에 결혼을 했다. 내가 은행에 입사했던 그해 겨울이었다. 과연 내가 이렇게 행복해도 되는 건가 싶었다. 정말 꿈을 꾸는 것 같았다. 잠에서 깨어나면 다시 철공소 시절로 돌아가는 것이 아닌가 걱정이 되기도 했다. 사고로 한쪽 눈을 잃었을 때만 해도 세상을 살아갈 자신이 없었는데 이렇게 번듯한 직장에 누구보다 사랑하는 여자와 결혼을 하다니…. 세상은 정말 살 만한 것 같다는 생각이 들었다.

주례는 모교의 교수님께서 맡아주셨고 사회는 나의 절친한 친구가, 축가는 그녀의 친구가 해 주었다. 제주도로 3박 4일 동안 신혼여행을 다녀온 후 바다가 인접해 있는 광안리에서 신혼생활을 시작했다. 나를 달가워하지 않던 처제도 함께 살게 됐다.

결혼은 나에게 큰 전환점이었다. 결혼을 하면서 마음의 여유가 많이 생긴 것 같다. 그전까지는 독기를 품고 살았지만 결혼을 한 후에는 비교적 온화해질 수 있었다. 세상은 나 혼자인 것만 같았다. 하지만 그게 아니었다. 나는 그 사실을 확인하고 감사하는 법을 깨닫게 됐고 진정으로 행복이라는 것을 알게 됐다.

아내와의 결혼은 내 인생의 큰 전환점이었다.

승진시험

지금은 시험을 치지 않고 대리, 과장, 차장 등 모든 직급이 승진을 하지만 당시에는 은행에서 승진을 하기 위해 반드시 거쳐야 하는 관문이 있다. 바로 대리 시험이다. 은행에서 말하는 대리는 기업체로 예를 들자면 과장이라 할 수 있다. 은행에서 대리는 책임자로 통한다. 대리로 승격하면 뒷자리에서 결재하는 업무를 본다. 전부 그렇지는 않지만 은행 창구 뒤에서 근무하는 은행 직원은 대부분 대리 이상이라고 보던 된다. 대리는 지점 전반의 중요한 업무를 관여하고 책임자 회의에 참가한다. 권한을 가진 관리자로서의 첫 출발이다.

그래서 대리 시험을 '금융고시'라고 부른다. 물론 합격한다고 해서 바로 대리로 승진이 되는 것은 아니다. 대리의 인원은 한정

되어 있고 대리시험 합격자들이 상당히 적체되어 있어서 시험에 합격하더라도 실적 등 여러 가지를 감안해서 승진을 시킨다. 하지만 합격하지 못하면 승진을 할 수 없기 때문에 일단은 반드시 합격을 해야 한다.

시험에 한 번에 합격하는 경우도 있지만 네 차례, 다섯 차례까지 시험을 보는 경우도 있고 또는 아예 시험을 포기하는 경우도 허다하다. 대졸 사원은 평균 3년 만에 첫 대리 시험을 치른다. 은행에 입사한 지 2년차가 되면 시험 치를 자격이 주어지고 1년 정도는 공부기간으로 잡고 시험을 준비한다.

나도 2년차가 되면서부터 대리 시험을 준비했다. 하지만 사정이 여의치 않았다. 하루 종일 한쪽 눈만 사용하다 보니 업무가 끝날 때쯤이면 눈의 피로가 극에 달했다. 은행문은 4시에 닫지만 당일 마감과 내일 업무 준비로 인해 보통 오후 10시에 끝나는 경우가 많았다. 특히 말일에는 자정을 넘기는 경우도 있었다. 그래서 따로 공부하기에는 시간이 너무 부족했다.

물론 직원들끼리 편의를 봐주기도 했다. 몇 번이나 시험에 낙방한 직원에게는 시험을 준비하라며 일찍 퇴근을 시켜주기도 했고 업무 시간 중에 공부를 할 시간을 주기도 했다. 하지만 나는 한참

밑의 후배이다 보니 그런 혜택은 상상도 할 수가 없었다. 평일에 잠을 줄이고 주말과 공휴일에 공부를 하는 수밖에 없었다.

대리 시험은 1년에 한 번 오는 기회였다. 불합격이 되면 1년을 기다려야 했다. 그렇게 되면 승진이 그만큼 미뤄지는 것이다. 우리 지점에도 3수는 물론 5수까지 하는 선배들도 많았다. 그런 선배들은 대부분 은행 근처 독서실에 같이 모여 공부를 하기도 했다. 나도 정보를 얻기 위해 그들과 같은 독서실에 다녔다. 하지만 그 방법은 그다지 좋은 방법은 아니었다. 단체로 있다 보니 한 명이 쉬러 가면 우르르 몰려 나가서 담배를 피우고 잡담을 했다. 나는 그렇게 보내는 시간이 아까워서 집에서 공부를 하기로 했다.

기출문제로 공부를 했는데 아무리 봐도 이해가 되지 않았다. 나는 이제 2년차라 은행의 중심 업무를 몰라 알 수 없는 부분들이 많았다. 은행 업무를 마치고 집에 돌아와 새벽 3시까지 공부하는 생활을 이어갔다. 고시를 준비하는 1년 동안은 어떤 모임도 참가하지 않고 명절에도 차례만 잠깐 지내고 돌아와서 공부하는 등 정말 악착같이 공부했다. 이해가 되지 않는 부분은 몇 번이고 반복해서 다 외웠다.

드디어 시험 날이 다가왔다. 며칠 전부터 긴장감에 잠이 오지 않았다. 살아오면서 치렀던 시험 중에 가장 필사적으로 준비했던 것 같다. 이제는 나도 한 가정의 가장이기 때문이었다. 내가 승진을 제때 해야 내 아내와 자식들이 편하게 살 수 있다는 생각이 들었다. 시험 전날 다른 수험생들과 함께 영등포로 올라와서 여인숙에 묵었다. 지방에서 올라온 수험생들로 여인숙은 꽉 찼다.

시험은 전반적으로 어려웠다. 암기를 한 덕분에 쉽게 푼 문제도 있었지만 생소하고 어려운 문제도 많았다. 그 때문에 시험을 마치고도 내가 합격할 거란 장담을 할 수 없었다. 결과 발표일. 나와 함께 시험을 봤던 선배에게 합격 통보가 왔다. 나는 불합격임을 직감했다. 역시 한 번에 붙기는 힘들었다. 1년을 더 힘들게 공부를 해야 한다니 앞이 좀 캄캄했다. 그런데 이때 전화벨이 울렸고 같이 서무를 보는 선배에게서 내가 금융고시에 합격했다는 소식을 들었다.

붙기 위해 최선을 다했지만 내심 한 번에 붙기는 힘들다고 생각했었다. 그래서 기쁨이 더 컸다. 그 날 하루 종일 축하 전화로 정신이 없었다. 이제 승진을 꿈꿀 수 있었다. 좋은 일은 또 생겼다. 지점의 노조분회장으로부터 조합주택설립이 있다는 소식을 들었다. 나는 아내와 상의해서 참여하기로 정하고 계약금을 대출 받아 조합주택아파트 분양을 신청했다.

다사다난했던 해운대 지점

어느덧 첫 발령지에서 근무한지 4년이 되었다. 지점에서 근무한 4년 동안, 나는 결혼을 했고 대리 시험에도 합격했고 예쁜 딸과 씩씩한 아들을 얻었다. 생각의 변화도 있었다. 나는 그동안 선배 대접을 받으려는 어린 선배들이 마음에 들지 않았다. 내 왼쪽 눈을 감추기 위해 사람들과의 모임도 기피했다. 그냥 내일만 잘하면 된다고 생각을 했다. 하지만 은행일이라는 것이 혼자서만 잘해서 되는 것이 아니라는 걸 깨달았다. 함께 단합해야만 지점이 원활하게 운영된다는 것을 알았다. 그래서 어느 시점부터는 나도 직원들 간의 모임을 참석해서 함께하기 시작했다.

나는 두 번째로 대연동 지점에 발령을 받았다. 그곳에서는 그럭저럭 무난한 생활을 한 후에 해운대 지점으로 발령을 받았다. 해

운대 지점은 서울에서 근무하던 직원들이 한 번쯤은 근무해보고
싶어 하는 곳이었다. 실제로 해운대 지점은 일반 지점이 아니었
다. 수시로 서울에서 은행장 등 VIP 손님들이 내려와 의전 절차상
필요한 지점이기도 했다. 해운대 지점은 서울에 근거를 둔 지점장
이 2년 정도 휴양을 목적으로 내려오는 경우도 많았다.

내가 처음 해운대 지점을 방문했을 때 시장 같다는 느낌을 받았
다. 해운대 지점은 관광지 개발과 함께 아파트 분양이 봇물을 이
루고 있었기 때문에 고객들이 많았다. 대출 고객도 많았고 예금
고객까지 겹쳐서 지점은 발 디딜 틈이 없이 빽빽했다. 1층에서 모
든 업무를 보다 보니 정신이 없었다. 그만큼 직원도 많아서 해운
대 지점에서 차장의 핵심 업무는 직원관리였다.

해운대 지점에 있었던 송 차장은 원칙주의자였다. 어떤 일에서
든지 원리, 원칙을 강조하였다. 평소에 자상하게 대해주더라도 원
리, 원칙을 어기면 불같이 화를 냈다. 좋은 사람이었지만 너무 원
리, 원칙만을 따지다 보니 가끔 씩은 답답한 부분도 있었다. 하지
만 그도 그렇게 된 데에는 사연이 있었다.

그는 직장을 다니면서 야간 대학에 다닐 정도로 성실한 사람이
었다. 일도 신중하고 정확하게 처리해서 윗사람들로부터 많은 신

임을 받았다. 이랬던 그에게 문제가 발생했다. 해운대 지점의 고객 중에 김 사장이라는 우수고객이 있었다. 그는 모 기업을 운영하고 있었는데 수시로 큰 금액을 입, 출금했다. 그러다 보니 지점 직원들과도 친분을 많이 쌓았다.

그러던 중에 김 사장은 여신 담당인 송 차장에게 사업 확충에 필요하다면서 신용대출을 요청했다. 정황상 그는 담보를 제출해야 대출이 가능한 상황이었다. 하지만 송 차장은 김 사장에게 도움을 주고 싶었다. 김 사장은 지점의 우수고객이기도 하고 성실한 사람이었기 때문이다. 그래서 백방으로 노력한 끝에 김 사장에 5천만 원을 신용대출 해 주었다.

그러던 어느 날 송 차장은 대출담당 직원에게서 김 사장이 이자를 납입하지 않고 있고 연락도 안 된다는 얘기를 들었다. 회사를 방문해봤지만 문이 잠겨 있었다. 김 사장의 회사 거래내역을 확인해 보니 압류해둔 적금을 제외한 모든 예금이 바닥나 있다는 것을 알게 됐다. 그리고 며칠 후 김 사장의 회사는 다른 은행의 어음결제를 하지 못해 부도 처리됐다는 소식이 전해졌다.

송 차장은 본부에 김 사장 회사의 연체 내용을 보고 했고 감사반이 지점에 파견됐다. 파견된 감사반은 대출의 취급 규정을 준수

했는지, 연체 후에 사후관리를 제대로 확인했는지 취급자들의 책임유무를 가렸다. 감사반은 송 차장이 규정에 입각하지 않게 대출을 했다는 결론을 내렸고 송 차장에게 징계와 함께 회수하지 못한 대출금의 일정 부분을 상환하라고 통보했다.

그렇게 송 차장은 상처와 함께 많은 불이익을 받게 됐고 그 뒤로 어떤 경우에도 원리, 원칙을 준수하는 사람이 되었다고 한다. 송 차장 같은 경우에는 정말 운이 없는 경우였다. 대부분 은행들은 관행처럼 거래 업체에게 은행 실적을 부탁하고 그에 대한 보답으로 대출 등을 관대하게 처리해준다.

실제로 은행은 돈을 다루는 업무를 하는 곳이라 여러 가지 사고들이 발생한다. 돈을 횡령하는 사고나 규정을 무시하고 자기 지인들에게 무리해서 대출을 해주는 경우 등의 사고들이 있다. 그래서 은행에는 각종 감사들이 많다. 정기감사, 한국은행 감사, 보안감사, 민원감사…. 등등 시도 때도 없이 감사가 이루어진다. 은행원이 무사히 정년퇴직을 한다는 것은 큰 복이다. 지점장, 차장 및 대리는 자기 팀의 직원이 사고를 내면 함께 책임을 진다.

매월 말일은 지점에서 가장 중요한 날이다. 예금, 대출실적, 연체관리 등 모든 평가의 기준이 되는 날이다. 게다가 대부분 기업들의 어음 및 당좌결재를 매월 말일 기준으로 하기 때문에 더욱 민감하다. 우량업체의 경우 당일에 결제될 자금을 계좌에 미리 입금해 두어 자동으로 결제가 되도록 해야 하는데 부도가 났거나 자금 사정이 힘든 업체는 제대로 결제를 하지 못한다. 이런 사고들이 발생하면 해당 지점이 책임을 져야 한다. 부도어음 등은 고의로 발행된 경우가 많아 금액이 상상을 초월한다.

은행 또한 일반 직장과 마찬가지로 다양한 사람들이 구성되면서 벌어지는 일들도 많다. 보통 지점의 구심점은 차장이다. 차장과 뜻을 같이하는 직원과 아닌 직원으로 구분된다. 해운대 지점에서는 송 차장과 상고 후배인 이 대리가 서로 상극이었다. 이 대리는 지점장에게 송 차장에 대한 불만을 토로하기도 했고 직원들을 선동하기도 했다. 송 차장은 회의시간이든 회식자리에서든 이 대리를 집중 공격했다. 직원들은 둘 사이에 껴서 눈치를 보느라 바빴다. 결국 견디지 못하는 것은 직급이 낮은 사람이었다. 참다못한 이 대리는 결국 희망퇴직을 신청하고 은행생활을 마감했다.

다른 직원들도 예외는 아니었다. 송 차장에게 눈 밖에 난 직원들은 늘 꾸중을 들었다. 츨납업무를 맡은 한 직원은 행동이 느리고 업무처리가 미숙해 지적을 많이 받았다. 누구나 그렇지만 사람이 매일 지적을 받으면 행동이 위축되고 스트레스를 많이 받는다.

그러던 어느 날 그 직원이 송 차장에게 갑자기 소리를 질렀다. 상상도 할 수 없는 일이었다. 실컷 소리를 지른 그 직원은 갑자기 막웃기 시작했다. 업무를 중지 시키고 가까운 병원에서 진찰해 본결과 스트레스로 인한 정신분열증이라는 진단이 나왔다. 결국 그는 은행 근무가 어려워 몇 개월간 정신과 치료를 받았다.

은행에서는 사랑이 꽃피는 경우도 많다. 업무가 바빠서 야근을하는 날도 많고 회식도 많다. 그러다 보니 같은 지점 직원들끼리부대끼는 일이 많다. 자주보다 보니 정도 들고 그러면서 관계가발전하는 경우가 많다. 모든 사내 연애가 그렇듯이 지점 내에 연애는 정말 아무도 모르게 이루어진다.

연애할 때 전혀 동료들이 눈치 못 채게 하는 경우가 많다. 전혀관심이 없는 척하거나 오히려 사이가 안 좋은 것처럼 있다가 갑자기 어느 날 둘이서 같이 청첩장을 들고 오는 경우가 종종 있었다.물론 사람의 성격에 따라 다르다. 사랑을 숨기지 못하고 티를 내는 커플들도 있었다.

미혼 남녀가 사랑에 빠지면 좋은데 그렇지 않은 경우도 있다.두 명의 자녀를 둔 유부남 직원과 미혼의 여직원이 만난 것이다.그의 아내가 차장에게 연락을 해서 알게 된 사실이었다. 차장은

이 둘을 중재했지만 둘은 절대 헤어지지 않겠다며 완고하게 나왔
다. 결국 차장은 인사부에 요청을 해 각각 반대지역으로 발령 조
치를 하기도 했다. 이렇게 해운대 지점은 다사다난했다.

대리승진

은행의 승진은 대개 12월에 이루어진다. 나는 대리 진급을 예상하고 있었다. 시험도 합격을 했고 지점장과 차장이 나를 신경 써주고 있는 것을 느끼고 있었기 때문이다. 하지만 승격 명단에 내가 빠져 있었다. 된다고 생각하고 있었는데 막상 되지 않으니 실망감이 컸다. 내 호봉이 너무 낮기 때문이었다. 그렇게 한 해를 더 보낸 후에 대리로 승진이 됐다. 나는 비록 은행에는 늦게 들어왔지만 다른 분들의 도움 덕분에 다른 동료들보다 빨리 책임자가 될 수 있었다. 내가 잘해서 승진된 것이 아니라 다른 분들의 도움 덕분에 승진이 됐다고 생각하다니…. 나도 참 많이 변한 것 같았다.

나의 첫 대리 발령 지점은 구서동 지점이었다. 그곳은 정말 특별한 곳이었다. 내가 처음 근무했던 연산동 지점과 대연동 지점에서 같이 근무했던 강 차장이 구서동 지점 초임 지점장으로 와 있었던 것이다. 한 사람과 3번이나 같은 은행에서 근무를 한다는 것은 보통 인연은 아닌 것 같았다. 강 지점장도 나를 보며 반가워했다.

강 지점장은 나에게 신탁예금증강 대책과 이에 따른 손익을 파악하라고 했다. 나는 일주일 동안 야근을 하며 열심히 준비를 했지만 강 지점장은 갑자기 결과 보고는 간단하게 구두로 하라고 했다. 나를 일부러 골탕 먹이려고 하는 것 같아 화가 치밀었다. 하지만 강 지점장은 다른 생각이었다. 은행에서는 계산이 정말 중요하다. 그런데 대리가 계산을 잘하지 못하면 정말 곤란해진다. 업무에도 차질이 생길뿐더러 부하 직원 앞에서도 권위가 잘 서지 않는다. 계산 실력이 부족한 나를 공부시키기 위해서 강 지점장은 그런 지시를 내린 것이었다.

강 지점장은 중요한 일은 주로 나에게 맡길 정도로 나를 신뢰했다. 그리고 따로 사석에서 나를 자주 불렀다. 어느 곳에서나 마찬가지지만 조직의 리더가 나를 믿어준다는 것은 정말 큰 힘이 된다. 아무래도 리더가 나를 믿어주면 자신감이 생기고 자신감이 생기면 더 능력을 발휘하기 쉽다. 강 지점장의 도움으로 나는 많이 성장할 수 있었다. 그러던 중 갑작스런 일이 발생했다.

재형저축은 단체거래로 이루어진다. 대개 거래업체 경리 담당
자들이 일괄적으로 하는 경우가 많다. 그런데 어느 날 거래업체
경리 담당자로부터 저축한 돈이 적립되지 않았다는 전화가 왔다.
처음에는 대수롭지 않게 생각했다. 뭔가 착오가 있구나 싶었다.
하지만 점차 이상한 낌새가 느껴졌다. 전화 온 업체뿐만이 아니라
다른 업체들도 이런 일이 벌어져 있었다. 확인을 해 보니 수납담
당 직원이 돈을 횡령한 것이었다.

수납담당자는 최 주임이라는 직원이었다. 강 지점장의 고향 후
배이기도 하고 은행 임원의 소개로 취직한 직원이었다. 지점에서
는 자체 감사팀을 꾸려 그가 했던 모든 업무를 조사했다. 그리고
그가 여러 차례 횡령했다는 사실을 파악했다. 본인 입으로만 털
어 놓은 금액이 400만 원이었다. 그 당시에 400만 원이면 엄청난
돈이었다. 또한 횡령기간이 오래되다 보니 본인도 잘 기억 못하고
있는 상황이었다. 다른 부분에서 얼마나 더 횡령했는지 짐작할 수
가 없었다. 향후에 지점에 큰 타격이 올 게 뻔했다.

우연히 돈을 한 번 횡령하게 되었는데 그 돈을 메우기 위해 횡
령을 하고 또 그 돈을 메우기 위해 횡령을 하고를 반복하다가 금
액이 점차 늘어난 것이다. 지점장을 포함한 책임자들이 모여서 최
주임의 문제를 어떻게 처리할지 의논하였다. 강 지점장의 결정은

단호했다.

"은행에서 횡령은 있을 수 없는 일이고 그냥 넘어간다면 앞으로도 더 큰 횡령을 할 것이고 그랬다가는 직원들에게 나쁜 전례를 남기게 될 것이다. 그러니 일벌백계로 다스려야 한다."

이런 결정이 나자 최 주임은 강 지점장의 집에 찾아가 두 어린 자식이 있다며 선처를 호소했다. 하지만 강 지점장은 단호했다. 강 지점장의 입장에 변화가 없자 최 주임은 자신이 알고 있는 은행 임원에게 구원 요청을 했다. 은행 임원은 강 지점장에게 이번 사건을 눈 감아 달라는 압력을 넣었다. 그리고 직접 전화를 해서 강 지점장을 설득하기도 했다. 하지만 그래도 강 지점장은 변화가 없었다. 결국 은행 임원은 이 사건을 덮지 않는다면 강 지점장도 함께 책임을 물어 처벌하겠다고 으름장을 났다. 이런 으름장에도 강 지점장은 단호했다.

결국 최 주임은 파면이 되었고 강 지점장은 문책성 발령을 받고 타 지점 개설 준비위원장으로 갔다. 나머지 책임자들도 감봉이나 주의 같은 징계를 받았다. 횡령 사건이 지점에 발생하면 사고지점으로 등록되는데 지점의 성적이 좋아도 성적이 깎이며 해당 지점 직원들은 승진이 제한되는 불이익을 받는다. 그렇기 때문에 횡령 사건은 어떤 경우에서도 발생하면 안 된다.

　문책을 받은 강 지점장은 직원들에게 옳고 그름을 명확하게 제시했고 원칙을 어겼을 시에는 엄격하게 대했다. 그는 업무 시작 전에 직원을 일일이 점검했다. 두발 상태는 깔끔한지, 옷은 제대로 다려 입었는지, 구두는 광이 나는지 등을 꼼꼼하게 점점했다. 행여나 하나라도 지적을 당한다면 일장연설을 들어야 했다. 하지만 그의 말은 옳은 말이었기에 누구도 반기를 들지는 않았다. 반면에 직원들의 경조사를 꼼꼼하게 챙기고 열심히 하는 직원들은 칭찬하며 그들의 노고를 인정해주는 자상한 모습도 있었다. 그래서 많은 사람들이 그를 따랐던 것 같다. 그는 자신의 가치관을 지키며 흔들림 없이 책임을 감당했다. 그는 내가 가장 존경하는 상사였고 내가 훗날 상사의 자리에 올랐을 때 가장 많이 떠올린 사람이었다.

　그는 발령을 받은 얼마 후 퇴직을 하고 집에서 쉬다가 암 선고를 받고 세상을 떠났다.

은행의 각종 사건사고들

앞에서도 언급을 했지만 은행에서는 사건, 사고가 끊이질 않았다. 아무래도 사람의 욕심은 끝이 없기 때문인 것 같다. 지점의 대출담당 진 대리는 은행 내에서도 실적이 좋은 우수 직원이었다. 그는 영업을 위해 술자리를 많이 했는데 그가 술자리를 가지는 사람들은 대부분 건설업자나 법무사들이었다.

진 대리가 친분이 두터운 사람 중에 주택건설 사업을 하고 있는 박 사장이라는 사람이 있었다. 그는 영세 건설업자이다 보니 항상 자금 압박에 시달렸다. 건축한 빌라 등이 다 판매 되면 자금이 원활하게 돌아가지만 대부분의 건물이 다 판매가 되지 않다 보니 자금이 항상 부족했던 것이다. 그래서 그는 대출을 받기 위해 은행을 수시로 드나들면서 진 대리를 만났다. 박 사장에게 자주 접대

를 받은 진 대리는 박 사장에게 대출을 확약을 했고 박 사장은 아
파트를 지을 대지를 구입했다.

　하지만 막상 대출을 하려고 하니 은행에서 제시하는 여러 조건
과 맞지 않아 박 사장은 대출 불가 판정을 받게 됐다. 진 대리의
약속만 믿고 이미 대지를 구입한 박 사장은 다른 은행에도 대출
신청을 해 봤지단 대출을 받을 수 없었다. 결국 대지 구입 시에 발
행한 어음을 결제하지 못한 박 사장은 부도를 맞게 됐다. 박 사장
은 부도의 모든 원인이 은행 때문이라 생각했다. 은행원이 현장을
심사하고 대출 약속을 받아 대지를 구입했는데 대출 심사에서 불
가 판정이 나면서 돈을 제대로 결제하지 못해 부도가 났다며 금융
감독원에 민원을 제기했다.

　그는 그간 은행 거래 과정에 있었던 일을 기록한 노트도 같이
제출했다. 제출한 노트에는 은행원과 만났던 시간, 접대 장소, 대
화 내용 등이 상세히 기록되어 있었다. 박 사장이 진 대리에게 접
대했던 것을 말고도 진 대리가 다른 팀원들과 매일 와서 술을 마
신 외상값까지 박 사장이 계산했다는 사실이 알려졌다. 또한 그동
안 대출을 받을 때마다 일정 금액을 추가로 진 대리에게 건넸다고
했다. 민원이 제기되자 감사부 직원이 지점에 파견돼 조사를 벌였
고 노트에 기록된 내용이 모두 사실로 드러났다. 그 밖에도 다른

금품 수수 혐의도 밝혀졌다.

진 대리는 그간의 공로가 인정되어 박 사장에게 받았던 금액을 보상하는 조건으로 파면하지 않고 자진 퇴사하는 쪽으로 마무리되었다. 파면이 되면 퇴직금을 수령할 수 없으나 자진 퇴사의 경우 퇴직금을 받을 수 있다. 사람이 과도하게 욕심을 부리면 좋지 않다는 것을 다시금 일깨워 준 사건이었다.

직원들마다 개인적인 사정들이 있고 능력의 차이가 있다 보니 인사철이 되면 흠이 있는 직원은 어떻게든 다른 지점으로 보내려 하고 우수한 직원은 서로 데려오려고 경쟁을 한다. 나 역시 많은 지점들이 탐내는 직원이었다. 한때 은행의 말썽꾸러기였지만 경험이 쌓이면서 많은 이들에게 인정을 받게 되었다. 인사철만 되면 많은 지점에서 나를 데려가기 위해 인사부에 로비를 하기도 했다. 나는 평범한 직원일 뿐이었다. 인사부의 결정에 따라 지점을 발령받아야만 했다.

은행의 특성 중에 또 하나는 한 부서에서 계속 근무하는 것이 아니라 순환하면서 보직을 맡는다는 것이다. 또한 지점도 3년이 지나면 다른 지점으로 이동할 수 있다. 업무상 성격이 맞지 않다 힘들더라도 6개월만 참으면 다른 보직으로 전환이 됐고 지점에 잘 적응하지 못하더라고 조금만 참으면 다른 지점으로 이동할 수 있었다. 은행에서는 누구와 언제 만나고 언제 헤어질지 짐작할 수 없었다.

캠페인 전쟁

은행에는 참 많은 캠페인들이 있다. 예금증강운동, 신용카드증강운동, 대출증강운동, 기업체통장증가운동 등 5~6개의 캠페인들이 진행된다. 1년 내내 캠페인을 한다고 보면 된다. 본부 부서 중에 상품개발부라는 부서가 있다. 이 부서에서 만든 신규 통장은 모두가 캠페인 대상이다.

늘 캠페인을 할 때는 '은행장의 특별 관심사항'이라는 무언의 압력이 따라붙는다. 그리고 어느 지역 본부별로 어느 지역이 많이 유치하였는지 순위가 매겨진다. 관내 지점의 유치 순위도 각 지점에 매일 발송된다. 매일 우리 지점이 몇 위인지를 알 수 있다 보니 매일 스트레스에 시달린다. 실적이 평균에 못 미치면 각오를 해야 한다. 실적이 좋지 않으면 지역본부장이 지점 방문을 하기 때문이다. 또한 담당 팀장은 지역 본부에 호출이 돼 어떻게 실적을 개선할지 발표를 해야 한다. 그 압력은 다시 직원들에게 전달이 된다.

은행원은 거의 매일을 실적과 부대끼며 산다고 할 수가 있다. 가장 심각한 캠페인은 '차세대 주택종합통장' 유치였다. 이 캠페인을 추진한 사람은 은행원 출신으로 은행장까지 오른 김행장이라는 주택은행 직원들에겐 전설적인 인물이었다. 그는 은행장으로 취임하면서 1살부터 21세 미만을 대상으로 한 차세대 주택종합통장이라는 상품을 출시했다. 상품 출시와 함께 언론에 대대적으로 홍보를 시작했다. 은행장 취임 후 처음 출시되는 상품이라 압력은 더욱 거셌다. 지점장뿐만 아니라 직원도 차세대 통장 실적을 인사에 반영하겠다고 했다. 실적이 우수한 지점과 직원에게는 두둑한 포상금도 내걸었고 최고 실적자에게는 특별 승진이라는 상까지 주어졌다.

차세대 통장 판매로 지점에는 광풍이 몰아쳤다. 다른 업무는 뒷전이었다. 모든 직원이 차세대 통장 판매에만 몰두했다. 차세대 통장 판매 실적은 30분 단위로 게시가 되었다. 이때는 금융실명제가 실시되기 전이어서 주민등록번호만 있으면 통장 신규가입이 가능했다. 대부분의 은행원들은 할당된 목표량을 채우기 위해 지인들에게 연락해 사정을 설명하고 자녀들 주민등록번호를 알려달라고 부탁했다. 그리고 일단 자기 돈으로 통장을 만들었다.

그 당시 우리 지점장은 많은 지인들을 알고 있었다. 인근 지역 학교 관계자들과도 유대가 돈독했다. 인근 초등학교는 이미 학생들이 장학적금을 적립해 오고 있는 상태였다. 하지만 지점장의 노력으로 장학적금을 해지하고 차세대 통장으로 전환시켰다.

차세대 통장 돌풍을 일으키기 위해 고등학교에는 특별한 혜택이 주어지기도 했다. 일정 계좌수와 금액이 넘는 고등학교는 학교장의 추천을 받아 학생들을 은행 직원으로 뽑는 특채 기회를 주기도 했다. 그 당시 고등학교를 돌아다니면서 입학 설명회처럼 차세대 통장과 그에 따른 특채 혜택을 여기 저기 설명하고 다니기도 했다. 그로 인해 특채로 뽑힌 직원이 현재까지도 잘 근무하고 있다.

같이 일했던 지점의 박 주임은 대리 시험만 보면 번번이 낙방을 했다. 그의 부모님은 통영에서 큰 멸치 어장을 하고 있었다. 그는 씀씀이가 후해서 많은 직원들이 그를 따랐다. 동료 직원들에게 자주 멸치를 선물했다. 많은 이들이 그가 시험에 번번이 낙방하는 것을 아쉬워하고 있었고 그는 승격을 포기하고 있었다. 하지만 이때 그에게도 승진할 수 있는 희망이 생긴 것이다. 그는 차세대 통장 실적 1등을 하기 위해 사활을 걸었다.

그는 그가 아는 모든 지인에게 차세대 통장 신규가입을 부탁했다. 그리고 그에 대한 보답으로 부모님의 멸치를 공수해 와서 지인들에게 뿌렸다. 또한 은행에서는 초, 중, 고의 단체 유치를 유도했다. 박 주임은 인근 초등학교 교직원들에게 멸치를 퍼부었다. 덕분에 그는 많은 가입자를 유치할 수 있었다. 6개월간의 긴 캠페인이 끝났을 때 그가 유치한 계좌 수는 1만 개가 넘었다.

그는 그 기간 동안 단 한 번도 1등의 자리를 빼앗기지 않았다. 물론 그가 실적 1위를 하도록 지점 직원들이 단체 거래 등은 그에게 밀어주는 등의 도움을 주기도 했다. 결국 그는 실적 1위라는 타이틀과 함께 특별승진을 하게 되었다. 하지만 그가 입은 손실 또한 만만치 않았다.

통장 개설 시에 필요한 돈은 그의 돈으로 채워졌다. 차세대 통장은 최소 입금액이 1만 원이었다. 또한 많은 이들에게 고향의 멸치를 선물로 주었으니 그 비용 또한 만만치 않았을 것이다. 이렇게 차세대 통장은 그에게 영광과 함께 많은 상처도 주었다.

그 당시 나는 차세대 통장 신규가입 담당 책임자였다. 그러다 보니 앞장서서 모범을 보여야 했다. 조금이라도 안면이 있는 지인들에게 차세대 통장을 유치했다. 물론 나도 지인으로부터 주민등록번호만 알아낸 후에 나의 돈으로 통장을 개설했다. 꾸준히 만 원씩 나가다 보니 상당히 부담이 됐다. 하지만 개설된 통장을 돌려줄 때 차마 그들에게 돈을 달라고 할 수 없어 그냥 즈기도 하였다. 그렇게 차세대 통장은 1개월 내 100만 계좌 돌파로 기네스 북 등재와 더불어 우리에게 많은 후유증을 남겨 주었다.

김해로 발령이 나다

은행에서는 인사이동을 자주한다. 한곳에 오래 머물러 있으면 나태해질 수도 있고 여러 가지 사고 등을 미연에 방지하기 위해서이다. 많은 이들이 도시에서 근무를 하기 원하지만 인사이동 원칙 중에 몇 년에 한 번 씩은 지방으로 이동해야 하는 원칙이 있다. 나는 지방으로 이동해야 하는 순번이 되어서 김해로 발령을 받게 됐다.

김해 지점의 김 지점장은 첫 만남에서 내가 김해로 발령받은 내막을 이야기했다. 김해 지점의 실적이 어려워 본부에서 추천해서 보내준 사람이 나라는 것이었다. 김해 지점은 좀 별났다. 보통 은행 지점은 유동 인구가 많은 평지에 위치해 있는데 반해 김해 지점은 사람들이 많지 않은 오르막 언덕에 위치해 있었다.

누가 봐도 은행 지점이 올 자리는 아니었다. 현재 이 자리에 오게 된 사정은 정치적인 입김 때문이었다. 예전 김해 지점은 시내 한복판에 있어 고객들이 많았다고 한다. 하지만 현재 위치 주변에 상공회의소가 지어졌는데 상공회의소장이 지역 국회의원에게 주택은행을 입주시켜 달라그 요청한 결과 현재의 자리로 옮겨졌다고 한다. 물론 직원들과 지점장이 반발했지만 은행장의 명령이라 어쩔 수 없이 옮겨야 했다.

지점을 옮긴 이후로 사건 사고가 끊이지 않았다고 한다. 내가 발령 받은 이후에도 사건 사고가 많았다. 이 지점에는 이 대리라는 입사 동기가 있었다. 이 대리는 지방대학 총학생회장 출신으로 동기들보다 빨리 대리 승격이 되는 등 우수한 직원으로 평가받았고 은행에서도 그를 재목으로 인정하고 있었다. 그러던 그도 대출 사기단에 속수무책으로 당하면서 인생이 꼬였다.

지역유지를 등에 업은 사기단은 큰 액수를 은행에 예금하고 이를 빌미로 대출을 유도했다. 큰 실적을 내보려는 이 대리는 사기단 입맛에 딱 맞는 먹이였다. 사기단은 형편없는 담보를 제시하고 부족한 것은 신용으로 처리해줄 것을 요구했고 이 대리는 실적을 위해 대출을 성사시켰다. 사기단은 대출을 받자마자 예치해두었던 예금을 인출하여 종적을 감췄다.

　30억이 넘는 사기를 당한 지점은 초토화가 되었다. 감사가 파견되어 사건을 조사했고 이 대리가 사기단으로부터 금품을 받은 것이 드러나 이 대리는 구속이 되었다. 지점장은 대기 발령이 되었고 관련 직원들은 징계를 받았다. 한동안 지점은 바람 잘 날이 없었다.

365코너를 만들어라

　지금의 분위기에서 벗어나려면 김해 지점에는 뭔가 새로운 전환점이 필요했다. 김해 지점이 있는 위치에는 유동 인구가 많지 않았지만 근처의 구산동 지역은 인구가 많이 살고 있었다. 구산동에는 아파트만 1만 가구 이상이 거주하고 있었음에도 인근에는 간이 농협만 있어서 주민들이 많이 불편해했다. 구산동 지역에 지점은 낼 수 없지만 365코너라도 만들어보기로 하고 시장조사에 나섰다.

　10개의 아파트 부녀회장과 아파트 운영위원장들을 만나 365코너 설치 이용도 등을 조사한 결과 타당성이 있다고 판단되었다. 우리는 365코너를 설치할 부지를 물색했다. 어떤 상가든 다 위치가 좋아야 하지만 특히 365코너는 위치의 비중이 절대적이었다.

방범이 확실하고 접근성이 좋아야 한다. 그래서 아파트 내에 설치하기로 결정하고 부녀회장과 관리소장 등에게 동의를 받아 365코너를 설치를 하게 됐다.

이제 중요한 것은 1만 세대가 넘는 주민들에게 365코너를 이용할 수 있도록 미리 통장과 카드를 만들어 주는 일이었다. 구산동에 있는 주민들이 일일이 은행에 방문할 수는 없었고 그렇다고 주간에 직원들이 은행을 비우고 통장과 카드를 만들어 줄 수는 없었다. 결국 저녁에 시간을 내서 아파트로 통장과 카드 신청서를 받으러 다녀야 했다.

그래도 실적은 좋았다. 부녀회장 등이 열심히 도와준 덕분에 5일 동안 4천 명 정도의 주민이 통장과 카드를 개설했다. 이때까지는 순조롭게 진행되고 있는 것 같았다. 이제 거의 모든 준비가 완료됐고 3일 후에 365코너를 설치하기로 되어 있었다. 그러던 중 아파트 운영위원회 관계자가 나를 찾아왔다. 반상회를 했는데 다른 아파트 주민이 365코너를 이용하기 위해 자신들의 아파트로 오는 것은 용납할 수 없다며 365코너를 만들지 않기로 결정했다는 것이다.

마른하늘에 날벼락이었다. 설치할 기계도 준비했고 코너 부스도 제작했고 시 전역에 365코너 개시를 알리는 현수막까지 만들었는데 직전에 못하겠다니. 그나마 겨우 김해 지점의 전환점을 만들었는데 이것마저 수포로 돌아가면 김해 지점은 더 침체될 것이 뻔했다. 곧바로 부녀회장과 아파트 운영위원장을 찾아갔지만 그들도 주민들이 반대하자 난처해했다.

어떻게든 365코너를 개설해야 했다. 2일 동안 아파트에서 살다시피 했던 것 같다. 이 사람 저 사람을 만나 365코너가 설치되면 아파트 가격도 올라가고 편리하다는 점을 적극적으로 호소하고 설득시켰다. 만나고 또 만났다. 사람을 만나지 않는 시간에는 전화를 붙잡고 있었다. 밥 먹는 것도 잊은 채 정신없이 2일을 보냈다. 나는 아파트 주민을 모아 놓고 마지막 설득을 했다. 아파트 안에 설치할 수 없다면 아파트 정문 입구에 설치하자고 제안을 했다. 그렇게 되면 아파트 주민들이 우려하는 부분도 해결되고 편의도 볼 수 있는 제안이었다.

많은 주민들이 내 제안을 수긍했고 결국에 설치 승인을 받을 수 있었다. 설치 예정일로부터 10일 정도가 지난 후에 365코너가 오픈을 할 수 있었다. 365코너가 개설되었고 많은 주민들이 이용하였다. 줄을 서서 이용할 정도였다. 365코너 개설을 성공시킴으로써 김해 지점은 전국 최고의 실적을 올려 포상을 받게 됐다.

　본주 주관으로 시행되는 섭외수기 행사 공모를 인사부로부터 요청 받아 '구산동 프로젝트' 사례를 제출하였다. 심의결과 최우수상으로 선정되었고 또 포상금을 받게 되었다. 사내 방송국에서 나를 취재해 가기도 했다. 이때 내가 사진 찍는 것을 싫어해 난처했던 기억이 있다. 우리의 사례는 전국의 지점에 방송이 됐다. 그것도 좋았지만 더 기뻤던 것은 은행이 없어 불편을 겪었던 주민들이 편리하게 이용할 수 있게 된 점이었다. 주민들에게 감사의 인사를 받았을 때 뿌듯함을 느꼈다.

신설 점포로 발령

정기 감사를 받고 있는 중에 내가 장유 지점으로 발령이 났다는 뜻밖의 소식을 접했다. 아직 이동시기도 멀었기 때문에 전혀 예상치 못한 일이었다. 같이 근무한 적이 있는 김 지점장이 인사부에 나와 같이 근무하게 해달라고 사정을 하여 발령이 난 것이었다.

장유 지점은 신설 점포였다. 신설 점포는 대개 초보 지점장들의 몫이었다. 그런데 하필 중견인 김 지점장이 제대로 된 건물 하나 없는 장유에 발령을 받으면서 파트너로 나를 생각한 것이다. 장유는 김해평야의 일원이었는데 신도시로 지정되면서 전답수용으로 주민들에게 보상이 진행되고 있는 중이었다. 은행이 들어설 자리는 아니었지만 아마도 미래를 보고 지점을 개설하기로 한 것 같았다. 여러 사정으로 연기되다가 4개월 만에 장유 지점을 오픈할 수 있었다. 은행에 입사하고 나서 이렇게 놀아본 적도 처음이었다.

장유는 이미 토지보상금을 유치하기 위해 온갖 은행이 입점해 있었다. 경남은행, 농협, 외환은행, 우체국 등이 자리 잡고 있었다. 게다가 예금과 대출 등을 유치하기 위해서는 지역에 연고가 있어야 하는데 6명의 직원 중에는 장유와 연고가 있는 사람이 아무도 없었다. 거의 대부분이 부산에서 출퇴근을 하는 직원들이었다.

그러다 보니 모두가 김해 지점 근무 경험이 있는 나만 바라보고 있는 것 같았다. 김 지점장은 지점장실에서 한 발짝도 나오지 않았다. 특히 여기서는 보상금 유치 말고는 다른 일이 없었다. 이를 해결하려면 인근 지역주민들과 유대를 가져야 하는데 장유는 농촌지역이라 아침기면 모두가 논밭에 나가 일을 하기 때문에 지역주민을 만나기 힘들었다.

문제는 또 있었다. 그들은 농사 관련 일들로 농협과 연관을 맺고 있기 때문에 일반 은행과 거래를 트는 것이 쉽지 않았다. 농부들은 농번기에 농협에서 비료 등을 외상으로 가져다가 쓰고 추수기에 상환을 반복하는 시스템이다 보니 농협과 밀접해질 수밖에 없었고 농협 직원들 대부분이 동네 지주의 자녀들이었다. 그렇기 때문에 많은 마을 주민들이 농협의 눈치를 볼 수밖에 없었다. 다른 은행을 이용할 때는 농협 직원들의 눈을 피해 몰래 들어올 정도였다.

게다가 지역주민들은 '주택은행은 집을 장만하려고 대출받을 때만 이용하는 곳'이라고 잘못 인식하고 있었다. 가끔씩 오는 고객들이 "이 마을에 뭐하러 주택은행이 들어왔는지 모르겠다."라고 말하기도 했다.

더 이상 이대로 있어서는 안 되겠다고 생각했다. 활로를 만들고 개척하기 위해 나는 무작정 마을로 찾아가서 마을 주민들에게 친한 척을 했다. 나보다 나이가 많으면 '형님'이라고 불렀고 나보다 나이가 어리면 '동생'이라고 불렀다. 자주 마을을 방문했지만 마을 사람들은 타지 사람에게 쉽게 마음을 열어주지 않았다. 그래도 나는 계속해서 마을을 돌아다니면서 친해지기 위해 느력했다. 이거 말고는 딱히 방법이 없었기 때문이다.

마을을 이리저리 돌아다니다가 식당에서 우연히 만난 분과 인사를 나누었다. 마을 주민들에게 영양제를 놔주는 분이었는데 마을 주민들은 그를 김 선생이라 불렀다. 그는 병원 원무과장을 하다가 건강이 안 좋아지면서 병원을 그만두고 마을 사람들에게 영양제를 놔주는 일을 하고 있었다. 마을 사람들은 영양제가 필요하면 김 선생을 호출했다. 마을에서 영양제를 놓을 수 있는 사람이 없었고 김 선생이 원만한 성격을 가지고 있다 보니 마을 주민들의 신망이 두터웠다. 김 선생은 모든 마을사람들의 사정을 꿰고 있었다.

그에게 도움을 구해야겠다고 생각했다. 첫 대면 이후 김 선생과 자주 만났는데 그러면서 그와 급속도로 친해질 수 있었다. 김 선생과 만나면서 마을 사람들을 알아가기 수월했다. 그러다 좋은 생각이 났다. 김 선성을 주택은행 장유 지점 명예직원으로 위촉하는 방법이었다. 그렇게 되면 김 선생의 도움을 적극적으로 받을 수 있겠다는 생각이 들었다.

3명의 명예직원

　김 선생을 명예직원으로 위촉한 후에 그는 더 적극적으로 나를 도와주었다. 수시로 은행에 들러 은행에서 필요한 것이 무엇인지를 물었고 나를 마을로 데리고 가서 사람들과 인사를 시켜줬다. 김 선생과 함께 방문하면 모두가 반겨 주었다. 그는 주택은행도 공과금을 받고 예금도 할 수 있다며 주택은행을 홍보해줬다. 그 덕분에 마을의 경조사도 파악해서 챙길 수 있었다. 또한 마을 유지들도 소개 받았다. 그러다가 부녀회장을 소개 받았다. 마을 부녀회장은 남편과 같이 신문 보급소를 운영했는데 김 선생 못지않은 마당발이었다. 그래서 그녀도 명예직원으로 위촉했다.

　장유는 부동산 업자들의 세상이었다. 도로변 상가는 온통 부동산 중개소였다. 돈이 움직이는 곳은 부동산 중개소였다. 다른 은

행보다 늦게 개점이 되다 보니 중개업자의 거래 은행은 이미 지정
되어 있어 그들을 유치하기도 쉽지 않았다. 난립하고 있는 20여
개의 부동산 중개소 중에서 가장 거래가 많은 부동산 중개소는 신
도시 공인 중개 사무소라는 곳이었다. 그곳을 운영하는 손 상무는
김 선생과 친밀한 사이여서 자연스럽게 김 선생에게서 손 상무를
소개받을 수 있었다.

손 상무는 원래 군무원이었는데 동생의 제안으로 군무원을 퇴
직하고 부동산 일을 시작했다. 성격이 활발하고 성실한 사람이라
그와도 금방 친해질 수 있었다. 그 또한 명예직원으로 위촉했다.
이렇게 주택은행 장유 지점에는 3명의 명예직원이 생겼다.

명예직원에게는 단순히 호칭만 주지 않았다. 그들과 함께 회
의도 했고 회식도 함께해서 소속감을 심어주었다. 마을에서 가장
발이 넓은 세 사람과 함께하니 이제 마을에서 일어나는 모든 정
보를 가장 빨리 알 수 있었다. 마을의 보상관련 일도 아주 상세하
게 알 수 있었다. 그들의 도움으로 마을 사람들과 빨리 친해질 수
있었다.

예를 들면 마을 부녀회원들이 모여서 화투를 치고 있을 때 부녀
회장이 장소와 시간을 알려준다. 그러면 나는 그때 음료수를 준비

해 달려갔다. 대부분의 부녀 회원들은 토지 보상을 받을 당사자들이었기 때문에 그들과 친해지는 것이 매우 중요했다. 김 선생과 함께 화투에 참여하면서 유대를 다졌고 토지 보상 시 우리 지점에 예치해줄 것을 부탁했다.

얼마 후에 보상명부가 나왔고 부녀회장으로부터 보상명부를 받았다. 보상명부에는 대상자, 보상금액, 대출금액 등이 상세하게 나와 있었다. 하지만 문제가 있었다. 보상을 받는 사람들의 99%가 농협에 대출이 있는 것이었다. 대출이 있는 사람은 자기가 원하는 은행에 보상을 신청하지 못하고 반드시 농협으로 입금되어 대출을 상계한 후에 보상금을 인출할 수 있었다. 그때 농협은 고객을 뺏기지 않기 위해 강력하게 회유를 할 것이 뻔했다.

그렇지 않아도 지난 토지 보상금 지급 때 농협에서 다른 은행으로 흘러들어갈까 봐 수단 방법을 가리지 않고 단속을 했었다고 했다. 어떤 마을 사람은 토지보상금을 인출해서 다른 은행에다 입금했는데 농협 직원이 수표를 추적해서 어디로 입금되었는지를 알고 마을 주민에게 항의를 했다는 것이다. 상황은 절망적이었다.

별다른 방법은 없었다. 3명의 명예직원과 논의한 결과, 주택은행에 가면 이자도 많이 즈고 선물도 많이 준다는 사실을 알리고 친구가 주택은행에 있으니 한번 도와달라는 부탁을 해 보기로 결정을 했다. 그렇게 3명의 명예직원과 함께 지푸라기라도 잡는 심정으로 보상자를 분담해서 찾아갔다. 그리고 보상금 입금이 시작됐다.

내심 큰 기대는 하지 않았었는데 조금씩 사람들이 찾아오기 시작했다. 큰돈은 아니지만 나에게 조금이라도 예금해주겠다며 1천만 원씩을 가져와서 예금을 했다. 농촌 분들의 인심에 감동했다. 이렇게 모인 돈은 1년 만에 백억 원이 넘었다. 농촌에서는 상상할 수 없는 일이었다. 6명의 직원과 명예직원 3명이 이룬 쾌거였다. 사람의 힘이 얼마나 대단한지를 알 수 있었고 전략적으로 접근하는 것이 얼마나 중요한지를 알 수 있었다.

갑자기 찾아온 파산 위기

명예직원 3명과는 친한 친구가 되었다. 호칭을 편하게 부르다 보니 정말 가까운 사이가 됐다. 손 상무는 자기 거래 손님을 소개해 주기 위해 수시로 나를 불렀다. 그러면서 그의 사무실을 방문하는 횟수가 많이 늘어났다. 손 상무 덕분에 큰 금액의 예금도 유치할 수 있었다.

그의 사무실에는 땅을 사려는 사람들로 늘 북적거렸다. 어느 날 손 상무는 이익이 많이 날 수 있는 작은 땅이 하나 나왔으니까 구입해보라고 나에게 제안을 했다. 그는 부담 없이 구입할 수 있는 적당한 땅을 나에게 소개했다. 땅에 대해서는 전혀 몰랐지만 그는 신뢰가 갔다. 때마침 예전에 살던 집을 전세로 돌려놔서 전세금이 수중에 있었다. 아내와 상의 후 손 상무가 제안한 땅을 구입하기로 했다. 조합아파트를 구입해본 이후 처음으로 내 소유의 땅을 구입해본 것이었다. 토지를 구입한 후 3개월이 지날 때쯤 손 상무가 소유된 땅 위로 도로가 날 거라며 빨리 팔아야 한다고 했다. 그래서 그가 시키는 대로 했더니 투자금액의 10%가 불어났다. 은행 금리밖에 몰랐던 나에게는 큰 충격이었다.

한번 재미를 보다 보니 부동산에 관심이 집중됐다. 손 상무의 사무실을 들르는 횟수가 더 잦아졌다. 좋은 땅이 있으면 또 소개해 달라고 손 상무에게 압력을 넣기도 했다. 97년 9월에 손 상무가 좋은 땅이 나왔다며 1억을 준비하라고 했다. 나는 그 많은 돈을 구할 방법이 없었다. 결국 나는 아파트를 팔아 자금을 마련했다. 하지만 1억을 맞추기에는 턱없이 부족했다. 그래서 나의 손윗 동서와 아랫 동서를 설득해 함께 땅을 샀다.

땅 매입은 순조롭게 진행되고 있었다. 중도금까지 모두 지급했고 이제 잔금 지급만 남았다. 땅값이 얼마나 오를까만 생각했다. 땅값 생각만 하면 입이 귀에 걸렸다. 손 상무는 좋은 땅이 또 하나 나왔다며 개발이 예상되는 땅이니 3천만 원에 구입하라고 했다. 그는 계약금만 걸면 금방 팔아줄 테니 걱정하지 말라는 그의 말에 나는 10%의 계약금을 내고 땅을 구입했다. '땅을 사면 이런 식으로 부자가 되는 구나'라는 생각이 들었다. 나도 그렇게 부자가 될 수 있다는 생각에 설레었다.

그런데 갑자기 뜻하지 않은 사건이 발생했다. 잔금 지급 10일을 남기고 IMF 외환위기가 터진 것이다. 땅을 사려고 북적거렸던 부동산 중개 사무소에는 사람들이 발길이 끊겼다. 부동산 중개 사무소에는 사려는 사람은 없고 팔려는 사람 밖에 없었다. 장유 지역의 부동산 거래가 거의 사라졌다. 1억에 구입한 땅은 반에 반도 건지기 힘들었다. 다른 땅도 마찬가지였다. 금방 처분할 생각을 하고 구입한 땅이었는데 이제 내 발등에 불이 떨어졌다.

부산에 분양받은 아파트 중도금을 납부해야 하는데 땅을 사느라 돈이 없어서 납부를 하지 못해 연체가 됐다. 땅을 팔아야 중도금이라도 낼 수 있기에 손해를 보더라도 땅을 팔기로 결심했지만 거래 자체가 없었다. 얼마 전까지만 해도 부자가 될 희망에 부풀어 있었는데 순식간에 나는 절망의 구렁텅이로 떨어졌다. 불행 중 다행으로 퇴직금을 중간 정산 받아 급한 불은 끌 수 있었고 부녀회장의 도움으로 급하게 땅도 처분하면서 최악의 상황은 피할 수 있었다. 사람의 욕심이라는 것이 사람을 파멸로 이끌 수 있다는 것을 그때 뼈저리게 깨달았다.

얼마 후 나는 새로운 사실을 알게 됐다. 손 상무에게서 1억에 구입한 땅이 알고 보니 매매가가 7천 8백만 원이었던 것이다. 고 발장을 접수할 일이 있었는데 그 과정에서 알게 된 일이었다. 손 상무도 1억이라고 말했고 계약서에도 1억이라고 되어 있어서 난 그런 줄로만 알고 있었다. 결국 2천 2백만 원에 수수료는 별도로 챙긴 것이다. 나는 손 상무에게 찾아가서 어떻게 이럴 수 있냐고 따졌다. 그는 이렇게 하는 것이 부동산 업계의 관행이라고 했다. 돈을 거래하는 것은 친한 것과는 별개라는 것을 느끼게 해 줬으며 훗날 내가 대학원에서 부동산을 공부하게 한 계기였다.

IMF와 은행 퇴출

은행 업무로 IMF를 더 뼈저리게 느낄 수 있었다. 주택 대출 조건이 더 까다로워졌고 많은 사람들이 대출 이자를 연체하기 시작했다. 예금 유치는 확연하게 줄어들었다. 또한 급여가 압류된 사람들도 많았다.

하루는 일반 회사에 근무하는 지인이 나에게 월급이 압류되면 어떻게 되는 거냐고 물었다. 자신의 급여 압류 통브를 받았다는 것이다. 급여가 압류되면 반만 월급을 가져갈 수 있다고 그에게 알려주었다. 이미 그의 회사 직원들 대부분은 불량거래자로 등록됐거나 급여가 압류돼 절반만 급여를 받고 있는 중이었다. 그는 보증 때문에 급여가 압류됐다고 말했다.

연대보증인 제도는 심각한 폐해를 낳았다. 후에는 한도가 천만 원으로 변경이 됐지만 IMF 이전에는 소득만 있으면 보증금액에 제한이 없어서 여러 사람에게 보증을 설 수 있었다. 오랜 기간 회사 생활을 하다 브면 정이 생기고 친한 사람이 보증을 서 달라고 하면 거절하기가 난처하다. 그래서 직장인들의 경우 서로 보증을 주고받는 경우가 많았다. 이때 IMF가 터지면서 직원들의 월급과 퇴직금에 압류가 들어갔다. 도미노 현상처럼 한 명이 파산하면 다른 사람들이 연이어 파산하는 구조였다. 그런 사람들이 부지기수였다. 이런 상황을 보면 참 가슴이 아팠다.

IMF로 가슴 아픈 일도 많이 볼 수 있었지만 훈훈한 모습도 목격할 수 있었다. 주택은행 은행장은 국가적 위기를 타개하기 위해 금 모으기 운동을 건의했다. 각 지점에서는 금 전문가를 초빙했고 전담 직원을 배치하는 등 금 모으기에 적극적으로 나섰다. 이 또한 어느 지점이 얼마나 금을 모았는지 실적을 공개했다. 나는 그동안 포상 등으로 받은 7개의 금메달과 소중한 결혼반지를 헌납하였다. 결혼반지 헌납을 흔쾌히 수용해준 아내에게 이 자리를 빌려서 감사드린다.

나라를 위해 금을 내는 국민들을 보면서 참 대단하다는 생각이 들었다. 처음에 금 모으기 운동을 한다고 했을 때 과연 얼마나 많은 사람들이 참여할까라는 생각을 했었다. 하지만 내 생각은 틀렸다. 나라의 빚을 갚기 위해 시간을 내서 심지어 줄을 서 가면서까지 자신이 가진 금을 은행으로 내러 왔다. 이런 국민들이 있기에 우리나라는 금방 일어설 거란 생각이 들었다. 내가 이런 나라에 살고 있다는 사실이 자랑스러웠다.

반면에 눈살을 찌푸리게 하는 얌체족도 있었다. 금 모으기에 동참하러 온 분들에게 다가가 자기가 돈을 조금 더 줄 테니 금을 팔라고 하는 사람들을 보며 화가 치밀기도 했다. 이렇게 IMF라는 재난은 사람들의 훌륭한 모습과 흉악한 모습을 모두 보게 만들었다.

IMF는 은행권에도 큰 타격을 줬다. 언제부턴가 은행에는 부실 은행은 퇴출된다는 흉흉한 소문이 들리기 시작했다. 하지만 이때까지도 많은 은행원들이 이런 소문을 무시했다. 은행이 망할 리가 없다고 생각했기 때문이다.

얼마 후에는 언론을 통해서 보도되기 시작했다. 그런 소문이 돌자 고객들은 예금 해약을 문의하기 시작했다. 업무가 종료되면 당일 지점 자산의 흐름을 한눈에 볼 수 있도록 전일과 오늘의 수치를 비교한 데이터를 출력한다. 은행에서는 이 데이터를 통해 은행업무 전반을 쉽게 파악할 수 있다. 언론에서 계속 회자되다 보니

거론되는 은행의 예금이 인출되기 시작했고 우량 은행으로 예금
이 몰리기 시작했다.

특히 퇴출이 임박할 때쯤 엄청난 돈이 이동하기 시작했다. 드디
어 아침 뉴스에 퇴출되는 5개의 은행이 발표됐다. 동남은행은 주
택은행이 인수한다며 인수준비를 하라는 지침이 하달됐다. 우리
는 동남은행 2개 지점을 인수하기로 결정됐다. 같은 은행원의 입
장에서 강제로 다른 지점을 인수해야 한다는 점은 가슴이 아팠다.

퇴출된 동남은행은 인수를 결사반대하는 측과 순순히 인수 지
침을 따르는 쪽으로 나뉘었다. 우리가 인수하기로 한 2개 지점 중
에 A 지점이 전자에 속했고 B 지점은 후자에 속했다. 주택은행장
은 당근책을 제시했다. 인수에 적극적으로 협조하는 직원은 주택
은행 직원으로 근무할 수 있도록 조치하겠다고 했다.

B 지점은 직원 모두가 인수에 적극 협조했다. 반면에 A 지점은
인수에 필요한 은행금고 열쇠와 중요 서류를 가지고 직원들이 잠
적했다. 여러 차례 설득을 했지만 그들은 완고했다. 어쩔 수 없이
경찰관 입회하에 열쇠 전문가의 도움을 받아 금고를 열어 돈을 확
인하는 절차를 밟았다. 약속대로 인수에 적극 협조한 B 지점 직원
들은 주택은행 직원이 됐고 A 지점 직원들은 퇴출이 됐다. 하지만

어느 정도 정상 참작을 해 일반 사원들은 구제될 수 있도록 했다. 하지만 인수지침에 차장급 이상은 인수대상에서 제외됐다.

　퇴출당한 은행 직원들은 비참한 삶을 맛봐야 했다. 은행 과장에서 한순간에 길거리에서 학습지를 돌리는 직원으로 전락했다. 퇴출은행 인수로 나는 현재 직장이 평생 나를 지켜주지 못한다는 것을 깨달았다. 그리고 나에게 불안감과 긴장감이 생겼다.

인수 후유증

인수받은 2개 지점의 고객을 한 지점으로 옮기다 보니 창구가 굉장히 붐볐다. 정말 아수라장이었다. 여기저기서 욕설과 고함 소리가 들렸다. 합병을 하고 한동안 직원들이 참 고생을 많이 했었다.

하루는 40대 중반의 남자가 직원들에게 삿대질을 하면서 입에 담지 못할 욕을 퍼붓고 있었다. 그의 기세에 눌려서 어느 누구도 말릴 엄두를 내지 못하고 있었다. 그에게 다가가 무슨 일이냐고 물으며 제지를 하려고 했다. 그랬더니 나에게도 다짜고짜 욕을 하기 시작했다. 물론 서비스업은 늘 친절해야 하지만 비상식적인 사람에게 늘 친절하게 응대해서만은 안 된다. 그래서 나는 거세게 응대했다. 욕한 것에 대해서 나에게 당장 사과하라고 다그쳤다.

그랬더니 그 남자는 당황한 것 같았다. 은행 직원에게는 고함지르고 욕해도 다 참는 줄 알았는데 거세게 응대하는 것을 보고 어떻게 대처해야 할지 고민했던 것 같다. 그는 수그러들기 시작했다.

나는 그에게 차를 한잔 마시자고 제안을 하고 그에게 자초지종을 들었다. 자신은 동남은행을 이용하고 있었는데 합병되면서 예전에 동남은행에서 친절하게 처리해줬던 것을 여기서는 불친절하게 안 된다고만 해서 올 때마다 짜증이 나 화를 내게 됐다는 이야기였다.

그는 은행 근처에서 자동차 썬바이저 생산 업체 사장으로 있었다. 직공으로 출발해서 손가락이 3개나 잘려나가는 불행을 겪었다. 하지만 그는 여기에 굴하지 않고 성실히 일하면서 공장을 키워나갔지만 무리한 사업 확장으로 인해 부도를 맡게 되었다. 그럼에도 불구하고 다른 사람들처럼 숨어 있지 않고 채권자들을 만나 일일이 사정을 했다. 돈을 받지 못해 화가 나 있던 채권자들은 그에게서 진정성을 느꼈고 채무상환을 미루어 주었다. 그는 다시 재기에 성공했고 그 후에 그의 회사는 더욱 탄탄해졌다.

그는 직접 창구에 찾아왔지만 자신이 작업복을 입고 와서 그런지 은행 창구 직원들이 자신을 우습게보고 퉁명스럽게 대한 것 같다고 말했다. 뒤에 앉아 있는 과장에서 상의를 하려니까 자꾸 창구 직원과 상의하라고 했다는 것이다. 그래서 너무 화가 나서 자신도 모르게 욕설을 하고 고함을 질렀다고 했다. 이것은 분명히 은행의 잘못이었다. 나는 과장을 불러서 직접 사과하게 했다. 그리고 일을 잘 마무리했다.

그 후에 알게 된 사실인데 주택은행과 동남은행은 다른 부분이 많았다. 먼저 주택은행은 서민들이 집을 장만하는 것을 돕는다는 취지로 설립됐고 동남은행은 중소사업자들의 사업자금을 지원해줄 목적으로 설립이 되었다. 그래서 주택은행의 경우에는 주택 대출을 받기 위해 부금을 납입하는 고객이나 주택 대출금이나 이자를 납부하는 고객들이 많았다. 동남은행의 경우에는 개인사업자가 대부분이었다.

주택은행의 경우에는 주택 관련 대출은 다른 곳보다 쉽게 받을 수 있지만 일반사업자가 대출을 받기에는 까다로웠다. 반면 동남은행은 조그만 가게라도 사업자 등록증만 있으면 사업자금 대출이 쉽게 이루어졌다. 아무래도 향토 지방 은행인 부산은행은 이미 오래전에 설립되어서 우량업체와 거래를 하고 있다 보니 동남은행 쪽에는 비우량 업체가 많이 몰렸다. 그리고 IMF라는 초유의 상황이 맞다 보니 영세한 개인사업자들이 부도가 나기 시작하면서 동남은행이 퇴출당하게 된 것이다.

혼자서 은행의 목적이 무엇인지를 많이 생각해보게 되었다.

이런 상사는 되지 말아야겠다

은행에서 근무하면서 참 좋은 상사들도 많이 만났지만 그렇지 못한 상사들도 많이 만났었다. 예전에 근무 초창기 때의 일이다. 치과를 개업하려는 친구가 나에게 대출을 부탁했다. 나는 대출을 담당하는 상사에게 대출가능 여부를 물었고 상사는 대출을 승인해 주었다. 친구에게 대출에 필요한 서류를 받은 후에 친구에게 대출을 해 줄 수 있었다.

그런데 그 다음 날 대출 담당 상사가 나에게 와서 지점장에게 돈을 줘야 한다고 했다. 보통 3%의 커미션을 받는데 내 소개로 왔으니 2%만 받겠다고 했다. 나는 무슨 내용인지 몰라 다른 상사에게 다시 물어봤다. 상사는 내게 은행의 대출 흐름을 설명해 주었다. 은행의 일반대출은 주택자금 대출과 달리 금액의 한도가 정해져 있다. 이 돈은 지점장의 권한으로 사용할 수 있는 자금인데 지점장에게 책임이 따르는 일이므로 대출금액의 3%를 내야 한다는 것이었다.

정말 친구에게 창피한 일이었다. 하지만 어쩔 수 없이 친구에게 사실대로 말할 수밖에 없었다. 내가 할 수 있는 일은 상사에게 사정을 해서 커미션을 깎아주는 일밖에 없었다. 그 후에 어떤 지인의 부탁으로도 대출을 소개해준 적이 없다.

회사원들에게 가장 최악의 상사는 어떤 상사일까? 자신을 괴롭히는 상사, 자신에게 모든 일을 맡기는 상사 등 아마 여러 가지 유형이 있을 것이다. 내가 생각하는 최악의 상사 중에 하나는 부하의 공을 가로채는 상사이다.

은행에 입사한 이후 처음으로 대규모 아파트 단지를 2개나 취급하게 됐다. 대단지 아파트 1개만 취급해도 영업점에는 막대한 이익이 발생한다. 그렇기 때문에 많은 지점장들이 아파트 단지를 유치하기 위해 혈안이 된다. 하지만 이와는 반대로 취급하는 직원들은 엄청난 고생을 감수해야 한다. 이를 담당한 직원은 인수된 B지점에서 과장으로 있다가 주임으로 직급 조정이 된 김 주임이었다. 그는 집단 대출 처리 경험이 없어서 더 고생했다. 일을 처리하다가 일이 제대로 되지 않으면 내 앞에서 울기도 했다.

아파트는 그냥 지으면 된다고 생각하지만 실제 입주까지 너무 많은 과정들이 있다. 아파트 시행사가 먼저 금융기관에 금융 지원을 받아 아파트를 지을 부지를 구입한다. 그 후에 시공사와 협의를 하여 아파트를 짓기로 합의를 한다. 시행사는 시공사에게 보증을 요청하고 기타 행정절차를 만료하는 동시에 분양을 시작한다. 청약자들이 아파트 청역을 하고 1순위로 분양이 꽉 차면 그때 분양이 완료되는 것이다. 그럼 이때부터 은행이 바빠지기 시작한다.

분양 당첨자들에게 대출 제공을 시작해야 하기 때문이다. 아파트를 분양할 때 시행사에서 복수의 은행이 대출을 취급할 수 있도록 배려한다. 그러면 당첨자들은 그 복수의 은행들의 대출 조건을 따져보고 자신들에게 유리한 은행을 선택한다. 거의 대부분의 대출신청자들은 금리가 낮은 은행을 선택한다. 이런 신규분양 여신을 한 건이라도 더 취급하기 위해 은행들은 사활을 건 쟁탈전을 벌인다.

다른 은행들과 경쟁에서 승리하려면 대출금리를 낮춰야 하기에 본부와 싸워야 한다. 본부에서는 손해를 봐가며 대출을 취급해주지 않으려 하기 때문에 금리를 잘 낮춰주지 않는다. 하지만 주택은행의 경우에는 오랫동안 축적된 주택대출 노하우와 체계화된 시스템과 자유롭게 납부할 수 있게 많은 지점이 있기 때문에 상당히 유리하다. 김 주임을 비롯한 다른 직원들의 노력으로 상상할 수 없는 예금이 유치되었다.

이런 실적 덕분에 건설부 장관 표창이 제시됐다. 건설부 장관 표창은 은행원에게 가장 영광스러운 상이다. 모든 은행을 통틀어서 가장 많이 예금이 증가된 지점의 공로자에게 주는 상이었다. 이 상을 두고 누가 받을지 얘기가 오고 갔다. 하지만 이때 우리 지점의 지점장이 상 욕심을 냈다. 더구나 그는 지점에 발령받은 지 2개월도 되지 않은 상태였다. 부하 직원에게 공을 돌려야 되는 지점장이 상을 받기 위해 본인의 공적으로 만들라고 지시했다. 그로 인해 지점장은 건설부 장관 표창을 받게 됐다. 나는 덕분에 부하들의 공로에 군침을 흘리는 상사가 되지 않을 수 있었다.

나에게 찾아왔던 유혹

부진했던 토곡 지점이 어느 정도 궤도에 올라가자 나는 직접 본부로 전근 신청을 했다. 이제 내가 할 일은 없어졌다는 생각이 들었기 때문이다. 인사담당자는 나에게 고마움을 표시하며 내 요청을 흔쾌히 수락해 줬다.

나는 과장으로 전포동 지점에서 근무하게 됐다. 발령 받은 며칠 동안 조용히 지점을 살폈다. 전포동은 다른 지점과 분위기가 많이 달랐다. 전포동 지점은 예전 동남은행 지점이었고 지점 직원의 대부분은 동남은행 출신들이었다. 그래서 다른 주택은행 지점과 많이 달랐다. 주택은행의 경우에는 주택 대출이 대부분인데 여기는 기업 대출이 대부분이었다. 그러다 보니 사업하는 분들의 방문이 많았고 기업체 거래가 많다 보니 직원들은 고객과의 관계에 적극적이었고 점심식사를 기업체와 하는 경우가 많았다.

그러던 어느 날 신 지점장이 지인 건설업자가 대출을 신청했는데 적합한지 판단을 해 달라고 나에게 요청을 했다. 대출할 담보를 검토해 보니 경남 하동에 있는 논밭이었는데 그 논밭은 대출 당사자가 소유한 물건이 아니었다. 은행에서 대출이 된다면 논을 구입해서 그 논을 담보하겠다는 것이었다. 대출을 신청하는 자들이 지점장과 친하다는 핑계로 작은 돈으로 논을 산 후 가짜 계약서를 만들어 자금을 확보하려고 하는 것 같았다.

하지만 일단 요청이 왔으니 현지답사는 하기로 했다. 나는 대출 신청자들에게 땅을 보고 싶다고 했더니 당일에 내 쪽으로 차를 보내주겠다고 했다. 나는 뭔가 좋지 않은 낌새를 차리고 따로 가겠다고 했다. 하동에 도착하자마자 해당 토지를 파악했다. 대출 신청자들이 잘 부탁한다며 나에게 식사를 하러 가자고 제안을 했지만 나는 식사 제안을 일언지하에 거절했다.

내가 식사 제안을 거절하자 그들도 다급했는지 다시 찾아와 구체적인 제안을 했다. 나는 들은 체도 안하고 그 자리를 빠져나왔다. 그리고 지점에 돌아와 객관적인 사실대로 보고서를 제출하였다. 보고서의 내용에 따라 그 대출은 중지됐다. 대출신청자는 다른 은행을 알아보겠다며 서류를 챙겨 떠났다.

물론 나도 사람인지라 돈을 보면 흔들릴 수밖에 없다. 하지만 나는 그동안의 경험들이 있었다. 한때 돈에 눈이 멀어서 무리하게 부동산 투자를 했다가 파산을 할 뻔하기도 있다. 또한 나는 그 동안 잠깐의 욕심으로 큰 화를 당한 은행 동료와 선배들을 목격하기도 했다. 그런 것들이 얼마나 위험하고 어리석은 일인지를 알았기 때문에 유혹에 흔들리지 않을 수 있었다. 대부분의 은행 직원들도 나처럼 행동하리라 생각한다.

우리는 무조건 하나다

전포동 지점에서는 다른 지점과는 다른 점들을 많이 발견했다. 먼저 전포동 지점은 미혼자들이 많았다. 그렇다 보니 분위기는 활기찼고 자기주장도 뚜렷했고 개성도 강했다. 그러다 보니 개인적인 성향이 강했다. 다른 지점에서는 직원들이 지점장의 눈치를 봤는데 이곳 직원들은 전혀 지점장의 눈치를 보지 않았다. 자기가 할 일만 하는 분위기였다. 이 점은 지점장도 마찬가지였다.

대신에 자신이 맡은 일에 대해서는 책임감이 강했다. 또한 업무도 전문화되어 있어서 고객에게 많은 사랑을 받았다. 자율적인 분위기다 보니 직원들은 야근을 하더라도 크게 불만이 없었고 실적도 좋았다. 개인주의적인 부분이 강하다 보니 단합이 덜 되는 느낌은 있었지만 자기가 맡은 바에 최선을 다했고 이기적인 분위기는 아니어서 나는 이런 분위기도 괜찮다고 생각했다.

하지만 이 지점 내에서도 문제는 있었다. 동등한 자격에서 이루어진 합병이 아닌 흡수 합병이다 보니 직원 내의 갈등이 많았다. 신 지점장은 나에게 주택은행 출신과 동남은행 출신 간의 마찰이 많으니 동남은행 출신 직원들을 잘 챙겨달라고 당부했다. 특히 3명의 책임자 중에 가장 최고참은 주택은행 출신이고 나머지 2명은 동남은행 출신이라 사이가 좋지 않다고 했다. 동남은행의 문화를 이해해주지 않고 주택은행 문화를 무리하게 적용하다 보니 마찰이 많아진 것 같았다.

근본적인 해결은 쉽지 않겠지만 반드시 해결하고 가야 할 문제였다. 물론 회사는 일을 하는 곳이다. 감정을 소모할 필요가 전혀 없는 곳이다. 자기 일만 성실하게 잘하고 동료들만 조금 배려할 줄 안다면 아무 문제없다고 생각한다. 하지만 이런 식으로 갈등하고 반목한다면 업무를 보는 데 지장이 생길 건 뻔했다.

나는 먼저 3명의 대리들과 모임을 주선했다. 먼저 대리들끼리 갈등이 없어야 지점 내 다른 직원들 간의 갈등이 줄어들 것이라고 판단했다. 그래서 부부동반 모임을 자주 주선했다. 처음에는 참 냉랭했다. 하지만 나는 아랑곳하지 않고 계속 부부동반 산행 모임

등을 계속 주선했다. 그래도 부부동반 모임이다 보니 분위기가 조금씩 풀어졌다. 그러다가 점차 서로 경계를 하지 않게 됐고 농담도 하기 시작하더니 결국에는 서로가 친해질 수 있었다.

이제 그 다음은 지점 내 직원들이었다. 나는 교육시간의 동남은행 기업문화와 주택은행 기업문화를 설명했다. 퀴즈를 내는 등 서로 간의 문화 차이를 숙지시켰다. 단합대회도 적당히 하면서 우리는 하나라는 것을 강조했다. 직원들의 실수는 어느 정도 이해해줬지만 직원들 간의 마찰은 절대 용납하지 않았다. 또한 한 명씩 불러서 마찰을 중재하고 서로 이해하고 배려하도록 노력했다. 그 결과 서로 간의 마찰이 줄어들 수 있었다.

그러다 보니 예전 내 신입사원 시절이 생각났다. 그때는 나 밖에는 모르는 사람이었다. 마찰을 일으키는 것도 불사했다. 그랬던 내가 부서 간의 화합을 이끌고 갈등을 중재하는 역할을 하다니 신기했다. 사람은 이렇게 경험하고 배우면서 변화한다는 것을 많이 느꼈다. 은행에서 나는 계속해서 성장해 가고 있었다.

환상의 콤비

고액 재산가들을 유치하기 위해 각 지점마다 VIP라운지가 설치됐다. 나는 첫 VIP실장으로 발령을 받았고 내 파트너는 김 주임이 됐다. 그녀는 개성이 넘치면서도 상냥한 친구였다. 또 전산부 출신이라서 컴퓨터를 능숙하게 다뤄 정말 큰 도움이 됐다. 처음 신설한 곳이어서 2달 가까이 야근을 해야 했는데 그녀는 불평 한마디 없이 잘 따라주었다. 지점을 방문하는 고객들마다 그녀의 쾌활한 성격을 칭찬했다. 덕분에 나는 한결 더 수월하게 일할 수 있었고 우리는 최고의 호흡을 자랑했다. 근무를 하면서 이렇게 호흡이 잘 맞는 직원은 처음이었다. 그녀와 함께 계속 일하고 싶을 정도였다.

어느 날 그녀는 남자친구의 권유에 따라서 서울로 전근을 가게 됐다며 나에게 찾아와 눈물을 글썽였다. 헤어지는 아쉬움도 컸지만 김 주임에게 고생만 시킨 것 같아 너무 미안했다. 아쉽지만 그녀의 행복을 바라며 떠나보내야 했다. 후에 그녀는 나에게 선물과 함께 편지를 한 통 보냈다.

TO. 최 실장님

8월이 시작되는 첫날입니다. 무더운 여름 잘 지내고 있으신지 궁금합니다. VIP 고객님께 자필로 편지 쓰느라 고민 아닌 고민을 한 지가 얼마 전 같은데 제가 그 자리를 떠나온 게 벌써 3개월이 되었습니다. 부산이라는 곳이 많이 그립습니다. 엄마, 친구들 그리고 전포동 지점 그리고 최 실장님. 지금도 마음 한쪽이 허전하고 씁쓸한 것이 최 실장님 때문인지 모르겠습니다. 사실 4년 6개월이라는 전산부 생활을 마치고 처음에 지점 생활을 할 때는 무척 걱정이 앞섰습니다. 은행원이라고는 했지만 내가 영업점에서 할 수 있는 일은 아무 것도 없다는 생각에….

하지만 한 달 정도 지나니까 익숙해지더라구요. 그리고 또 일상적인 단조로운 지점 생활의 반복이었죠. 그러다 실장님의 특별한 영업 노하우를 보는 순간 처음에는 조금의 두려움(그건 제가 잘할 수 있을까 하는)이 생겼지만 얼마 지나지 않아 난 참 운이 좋은 편이라는 생각을 했습니다. 실장님 하자는 대로 따라서 열심히만 하면 실장님의 영업력을 조금이나마 배워나갈 수 있으니 말입니다. 지금도 영업점에 미련이 생기고 남다르게 그곳이 생각나는 건 아마 함께 일하고 싶은 멋진 상사와 계속 생활하지 못함이 아쉬워서일 겁니다. 지금 저는 외환계 수출 담당자로 2개월 정도 업무를 담당했는데 여전히 모르는 게 많아요. 영업점에 힘이 되어줘야 하는데 일이 손에 익으려면 한 3개월 정도는 더 걸리지 않을까 생각해요. 여긴 전산정보 관련 교육도 많고 해야 할 공부도 많고…. 예전과 달리 자기계발에 신경을 많이 쓰는 것 같아요. 모두들 자기 자리가 불안한 듯 보여요. 영업점보다는 자기 시간을 많이 가질 수 있어서 한결 마음은 편한 것 같아요.

그곳에 있을 때 너무도 친절하게 해 주신 것 감사해서 정중히 인사드리고 싶어 이렇게 펜을 들었는데 역시 편지 쓰는 건 어색한 것 같아요. 사실 전 연애편지도 잘 안쓰거든요. 실장님 사모님한테 편지 쓰고 계시는 것을 두 번 정도 본 것 같은데 정말 존경스러워요. 그래도 못 쓰는 글씨지만 자필로 쓴 제 편지 받으시니깐 기쁘시죠? 아참, 제가 선물한 넥타이는 마음에 드시는지. 잘 어울리시는지 궁금하네요. 어쩜 잘 적응하지 못할 것 같았던 주택은행에 와서 실장님 만날 수 있었던 인연이 너무도 감사해요. 어떠한 이유에서건 제가 먼저 떠나온 것 정말 죄송하구요. 다음에 실장님이 지점장님 되시구 또 더 높은 자리에 가시게 되면 저 다시 찾아주세요. 그동안 열심히 노력해서 필요한 사람이 되도록 할게요.

2001. 8.1 은애 올림

이렇게 김 주임은 정 많고 따뜻한 사람이었다. 그후 그녀는 남자친구와 결혼을 하고 자녀도 얻게 됐다. 그렇게 결혼생활과 직장생활로 바쁜 와중에도 홀로된 어머니를 챙기려 자주 부산을 찾았다. 그러던 중 어느 날 그녀가 갑자기 몸이 안 좋아져 어머니가 있는 집으로 돌아와 요양을 하다가 일주일 후 돌연 사망했다는 소식을 듣게 됐다. 정말 마른하늘에 날벼락 같은 소리였다. 그렇게 좋은 사람이 일찍 하늘나라로 가다니…. 한동안 가슴이 먹먹했다. 그렇게 호흡이 잘 맞았던 직원은 두 번 다시 만날 수 없었다. 언젠가 다시 한 번 같이 근무하자고 약속을 했는데 그 약속은 지킬 수 없었다.

후에 김 주임과 같이 추진했던 업무가 고객관리평가에서 전국최우수상을 받았다. 하지만 그녀는 표창도 포상도 받지 못했다. 그것 때문에 한 번 더 가슴이 아팠다. 그렇게 나는 내 최고의 짝꿍을 가슴에 묻어야 했다. 그녀는 유능한 직원이었고 정말 따뜻한 사람이었다.

또 한 번의 합병

주택은행이 동남은행을 인수했듯이 다른 우량은행 4개도 부실은행 4개를 각각 인수해서 정리가 어느 정도 되어가고 있었다. 그리고 또 다시 이런 금융위기 같은 큰 사태에 대처하기 위해서는 대형은행이 필수라는 관점이 제기됐다. 그래서 우량은행끼리 합병하는 시나리오가 여기저기서 제기됐다. 그 중에서도 주택은행과 국민은행의 합병설이 언론에 많이 제기됐다. 최고 우량은행끼리의 합병이 가장 성공적일 것이라는 논리였다.

그리고 얼마 후 주택은행과 국민은행의 통합이 발표되었다. 통합이 발표되자 두 은행의 직원들이 옛 국민은행의 연수원을 점거하고 농성에 들어갔다. 두 대형 은행이 합병하면 반드시 대량해고 사태가 올 것이라는 것이 합병을 반대하는 주 이유였다. 우리 지점도 마찬가지였다. 나와 지점장만 남고 나머지 직원들은 모두 농성장으로 떠났다. 나도 다른 직원들과 같은 심정이었지만 은행은 비워둘 수 없었기 때문에 남아 있어야 했다. 하지만 직원들이 떠난 은행이 제 기능을 할리 만무했다. 창구는 고객들의 예금인출 요구로 시끌벅적했고 나는 하루 종일 양해를 구한다는 말만 되풀이했다. 너무 급해서 출산휴가를 갔던 직원을 잠시 부르기도 했다.

본부에서는 지점장에게 어떤 방법을 동원해서라도 업무를 하라는 지시가 떨어졌다. 나는 그때 지점장이 큰소리로 우는 모습을 볼 수 있었다. 지점장으로서는 정말 난처한 상황이었다. 직원들은 없지, 고객들은 화를 내지, 본부에서는 재촉하지 정말 이러지도 저러지도 못하는 상황이었다.

추운 날씨 속에서 은행원들은 투쟁을 계속했다. 지점에 있던 차장들도 농성에 동참하기 시작했다. 농성 인원이 점차 늘어가자 본부는 공권력을 투입시켰다. 경찰이 공중에 헬기를 띄웠고 헬기에서는 무장 경찰들이 뛰어 나와 농성자들을 연행하기 시작했다. 이렇게 15일 간의 투쟁은 마무리됐다. 공권력 앞에는 속수무책이었다.

이미 주택은행 쪽에서는 합병을 위한 준비가 되어 있었다. 전

직원을 A, B, C, D, E 이렇게 5단계로 등급을 매긴 후에 개별적으로 통보했다. E등급에 해당하는 직원은 스스로 퇴직신청을 하라고 압력을 가했다. 이에 덧붙여서 지점장 및 차장은 반드시 이 결정에 따라야 하고 그 이하 직원들은 이 결정에 따르지 않는다면 인사상의 모든 불이익을 감수해야 한다고 했다.

개별 통보가 끝나자 인사부에서는 재촉을 하기 시작했다. 하루라도 빨리 본인의 적성에 맞는 새로운 일자리를 찾고 사직서를 제출하라고 독촉했다. 이 과정에서 인근 지점에서 근무하는 지점장 1명과 차장 1명이 사직서를 남기고 자살을 했다. 지점장은 자신의 신세를 한탄하며 술로 연명하다가 5일 만에 시체로 발견되었고 명문대 법대를 졸업한 차장은 자신은 열심히 일한 죄밖에 없는데 은행에서 퇴직 압력을 가하니 너무 억울하다며 자신의 집 베란다에서 뛰어내려 생을 마감했다.

그렇게 한순간에 많은 은행원들이 평생직장이라고 생각했던 곳에서 쫓겨나게 됐다. 바로 내 옆에 있는 동료가 떠나야 한다니 가슴이 아팠다. 지켜주지 못해 미안하기도 하고 이런 결정에 화가 나기도 하고 한편으로는 안도감이 들기도 했다. 동료들이 떠나가던 그날은 하루가 너무 길었던 것 같다. 남아 있는 모든 직원들이 죄인이 된 듯한 기분이었다.

주택은행은 미리 합병을 예상하고 직원 규모를 축소한 반면 국민은행은 예외였다. 강제 구조조정을 하지 않았다. 강제 구조조정이 된 주택은행과 구조조정이 되지 않은 국민은행은 그렇게 합병됐다. 두 은행의 사고방식은 큰 차이가 있었다. 주택은행은 구조조정 속에서 살아남기 위해 개인주의가 팽배했는데 반면에 국민은행은 선후배의 정이 돈독했다.

또한 주택은행과 국민은행이 통합되다 보니 인력이 넘쳐났다. 나는 2002년 11월 1일에 차장으로 승진했는데 이날 승진한 사람만 2,000여 명이 넘었다. 승격을 하면 지점을 이동해야 하기에 나는 근무한 적이 있는 대연동 지점으로 발령받았다.

미국 발 금융위기

은행에 정기적으로 방문하는 고객이라면 펀드나 보험 권유를 한 번쯤은 받아봤을 것이다. 은행에서 수익성이 가장 좋은 상품은 펀드, 보험, 카드이기 때문이다. 보험 등은 펀드에 비해서 큰 위험은 없지만 펀드는 주식이 관련되어 있어서 시기가 좋지 않으면 큰 손실을 줄 수 있다.

방문하는 고객들도 이제는 펀드가 위험하다는 것을 안다. 하지만 수익도 많이 난다는 것을 알고 있어서 가입을 권유하면 하는 고객들도 많다. 나는 대연동 지점 VIP룸 실장을 맡으면서 펀드 조성을 시작했다.

시작한 2개월 동안 30억 정도의 펀드가 조성됐다. 후에 7~8개월 동안 20~25%의 수익률이 발생되어 고객들에게 많은 수익을 안겨 주었다. 이 때문에 소문이 나서 많은 사람들이 모여들었고 2007년에는 약 100억 원의 펀드가 모집됐는데 평균 수익률이 20% 정도가 나왔다. 그 다음 해에는 150억 원 가량의 펀드가 모집됐다. 나는 국내 주가가 많이 오르면 해외펀드를 선택하는 방법으로 펀드를 운영했는데 수익이 잘 나오다 보니 고객으로부터 신임을 한 몸에 받았다. 덕분어 은행에서도 내 입지는 탄탄했다.

해외펀드를 판매한다면 은행에 떨어지는 수수료는 1.5% 정도다. 1억 원을 판매했다면 150만 원이 이익이 생기고 100억 원을 판매하면 1억 5천만 원이 발생한다. 적립식 펀드는 이익과 손실에 구분 없이 잔고에서 매달 1% 정도의 수수료가 발생하니 은행에서 펀드 판매에 목숨을 거는 것은 당연하다. 그래서 본부에서 펀드 판매를 강요하기도 하고 은행 직원들은 실적을 올리기 위해 펀드 판매에 열을 올리는 것이다.

보험도 펀드와 마찬가지로 은행에 많은 수익을 남겨준다. 매월 적립하는 보험 수수료는 최고 33%나 된다. 즉 백만 원의 보험 가입을 하면 매월 33만 원을 10개월 동안 해당 보험 회사에서 은행에 지급해준다. 그래서 은행에서는 수수료가 많이 나는 상품을 판매하도록 요구하고 또한 모든 캠페인도 그렇게 구성된다.

펀드로 엄청난 수익률을 내며 승승장구하던 나에게도 위기가 찾아왔다. 2008년 10월에 주가폭락이 시작된 것이다. 미국에서 시작된 금융위기는 세계금융위기로 확대되었다. 끝없이 폭락하는 주식시장을 보고 있노라면 속이 새까맣게 타들어갔다. 나름대로 분산투자 원칙을 지킨다고 선진국 펀드에만 배치했는데 소용이 없었다. 선진국이고 후진국이고 모두가 폭락을 했다.

펀드에 가입한 고객들이 걱정된 마음에 나를 찾아왔다. 만기가 없는 펀드에 가입한 고객에게는 기다려보자고 설득을 했다. 하지만 만기가 있는 펀드들은 그럴 수가 없었다. 만기가 되면 고스란히 원금의 손해를 받아들여야 하기 때문이다. 심한 경우에는 90% 정도의 손실을 입은 경우도 있었다. 머리가 아팠다. 나를 성원해 주던 고객들은 나에게 화를 내고 욕을 하기 시작했다.

내가 맡은 큰 고객 중에 뉴질랜드에 거주하는 박 원장이라는 고객이 있었다. 서울치대를 졸업한 후에 치과의사 생활을 해 오다가 50대 초반에 은퇴를 하고 뉴질랜드로 이주한 고객이었다. 그는 재산 관리를 위해 보통 12월에 한국에 방문했다. 뉴질랜드에 거주하지만 거래는 국내에서 해야 하기 때문에 어려움이 있었다. 그의 통장은 은행통장보관소에 등록을 하여 관리를 했고 신규로 상품에 가입할 때는 전화로 안내를 하고 해약할 때도 전화로 안내를 하며 거래를 했다.

그에게 많은 수익을 가져다줄 수 있었고 그와는 관계가 원만했다. 그는 전적으로 나를 신뢰했다. 실적 포상으로 2번의 뉴질랜드를 방문하게 됐을 때 그의 집을 방문해 가족과 함께 식사를 하기도 했다. 금융위기가 오기 전만해도 해마다 몇 천만 원의 수익을 올려줘서 감사하다는 인사를 듣기도 했다.

하지만 이번 금융위기는 심각했다. 그의 일부 해외펀드가 원금의 90% 정도 손실을 입었다. 평소 수익에 민감한 그였다. 그 말을 전하기가 너무 어려웠지만 사실대로 말할 수밖에 없었다. 박 원장에서 전화를 해서 사실대로 말했다. 그리고 박 원장은 한국으로 조만간 오겠다고 했다. 시간이 다가올수록 두려웠다. 그리고 그가 지점에 도착했다.

잔뜩 긴장한 나에게 박 원장은 다가와 걱정하지 말라고 했다.
"내가 최 실장이 걱정할까 봐 일부러 서둘러서 한국에 왔어요."
화가 나서 부리나케 달려온 줄 알았는데 나를 안심시켜주기 위해 일부러 11시간이 넘는 길을 달려온 것이다. 갑자기 눈물이 핑 돌았다.

아무리 많이 수익을 안겨줬던 고객도 한 번 손실을 입히면 태도가 돌변해 욕을 하고 화를 냈는데 다른 사람도 있다는 사실에 감격스러웠다. 나는 이번 일을 경험하면서 사람이 늘 잘될 수만은 없다는 것을 깨달았고 상대방의 마음을 헤아려서 일해야 한다는 것을 뼈저리게 느꼈다.

CHAPTER 4

꿈꾸다

열정적인 우리 딸

나에게는 딸 하나와 아들 하나가 있다. 먼저 딸의 이야기를 하려고 한다. 딸의 성장과정은 조금 굴곡이 있었다. 먹는 것에 욕심이 많았고 어디를 가도 엄마를 찾았다. 잠시라도 엄마가 옆에 없으면 늘 울었다. 먹는 것을 좋아하다 보니 다른 애들보다 키도 크고 건강한 것 같았다. 하지만 얼굴 살이 통통하게 올라 나중에 비만에 걸리는 게 아닌가 걱정이 들었다.

통통해도 유행에는 정말 민감했다. 유행하는 것은 다 따라 하고 공부는 못했다. 그런 딸을 보고 있자면 기가 찰 노릇이었다. 나중에는 커서 뭐가 될까 걱정에 잠을 못 이룬 적도 있었다. 그래도 한편으로는 딸이 건강해줘서 고마웠다. 적어도 아파서 마음고생 시킨 적은 없었다. 그것만으로도 다행이라고 위안을 삼았다.

그랬던 딸이 중학교 2학년 때부터 변하기 시작했다. 외모의 관심을 가지면서 살이 빠지기 시작했고 173센티미터의 날씬한 학생이 됐다. 또한 성적도 중학교를 졸업할 때쯤에는 상위권으로 올랐다. 공부를 안 하던 딸이 갑자기 공부를 시작하고 성적이 오르다 보니 기대가 되기 시작했다. 좋은 대학에 갈 것이라고 생각했다. 하지만 딸은 고등학교에서 적성이 맞지 않아 힘들어하고 있었다. 대화를 나눠보니 딸은 미술을 하고 싶어 했다. 딸이 미술을 할 거라고는 예상치 못했지만 냉정하게 판단했을 때 딸은 미술에 소질이 있었다. 가족회의 끝에 딸의 적성을 살리기로 하고 고등학교를 중퇴시키고 예술고 입시를 시키기로 했다.

딸은 노력 끝에 부산예술고등학교에 입학하게 됐다. 딸이 학교를 다니면서 정말 즐거워하는 것 같아 부모로서 마음이 뿌듯했다. '왜 이런 것을 진작 못 시켜줬나' 하는 생각이 들었다. 딸은 학교에서 인기가 많았다. 후배들의 선망의 대상이 되었고 쫓아다니는 남학생도 많았던 것 같다. 내 딸이 인기가 많다니까 괜히 내가 기분이 좋았다.

딸은 고3이 되면서 홍대 미대에 가겠다고 했다. 나는 딸에게 너무 높은 목표를 잡은 것 같다고 목표를 낮춰보자고 했다. 괜히 딸이 무리한 목표에 도전을 했다가 몸만 상하고 마음에 상처만 입는

게 아닌가 걱정이 됐다. 수능시험을 치고 온 딸의 성적은 그리 좋지 못했다. 하지만 실기점수만 좋으면 된다면서 서울로 올라가 홍익대 인근에서 3개월 간 기거를 하며 실기시험을 준비했다. 좀 더 편안하게 시험을 준비하도록 제대로 된 원룸을 구해주지 못해 안타까웠다.

오전 8시부터 오후 10시까지 수업을 하며 딸은 입시를 준비했다. 밥도 제대로 먹지 못하고 인근 식당이나 편의점에서 닥치는 대로 해결을 했다. 서울에 올라와서 딸의 모습을 보고 아내는 눈물을 흘렸다. 타향에서 딸이 홀로 이런 고생을 한다는 게 엄마는 마음에 걸렸을 것이다. 나는 한편으로는 자기가 원하는 길을 가기 위해 끈기 있게 노력하는 모습을 보니 대견스럽기도 했다.

딸은 결국엔 홍대 미대에 합격했다. 딸이 홍대 미대에 갔다는 사실보다 딸이 원했던 것을 이루었다는 사실에 정말 기뻤다. 우리 집안에서는 처음으로 서울에 있는 대학에 진학한 경사였다.

딸과 떨어져 있는 것이 가슴은 아팠지만 딸의 미래를 생각하니 기쁘게 보내줄 수 있었다. 딸은 대학생활도 평범하게 하지 않았다. 딸은 대학을 입학하면서부터 아르바이트를 시작하여 자기 용돈을 벌기 시작했다. 아르바이트를 하러 이리저리 분주하게 다녔고 끊임없이 자기에게 맞는 무언가를 찾아다녔다. 자기가 옳다고 생각한 일은 무조건 시작하고 보는 성격이었다.

그리고는 1학년을 마치고 휴학을 하여 의류 쇼핑몰을 시작했다. 자금 문제 등 어려움은 많지만 그래도 즐겁게 하고 있다. 단순히 돈을 벌려고 하는 게 아니라 젊을 때 고생을 하고 경험을 쌓아보는 것이 목적이라고 한다. 딸이 또 언제 어떤 도전으로 나를 놀라게 할지는 모르겠지만 많은 것들을 경험하려고 하고 자신이 하려는 일에 늘 최선을 다하는 우리 딸은 앞으로도 계속 성장해 나갈 것이다.

딸은 독립심과 자기주장이 매우 강한 편이다. 부모에게 상담하기 전에 자기가 하고 싶은 일은 일을 치고 사후에 애기를 하는 편이다. 현재는 그 좋은 취업 자리를 팽개치고 모델활동을 하면서 연기자의 길을 가고 있다. 연기자의 길은 정말 어렵지만 자기가 선택한 길이라서 정말 최선을 다하고 있다. 부모의 입장에서 염려가 되기는 하지만 저런 열정이면 반드시 자기가 원하는 것을 이루고 말 것이라고 확신한다. 우리 딸 파이팅!

끈기 있는 우리 아들

딸과 달리 아들은 참 조용한 유년 시절을 보냈다. 아들을 혼냈던 기억은 거의 없는 것 같다. 아들은 부모의 말을 잘 듣는 순종적인 아이였다. 어릴 때부터 바른 생활습관을 지녔고 책임감도 강했다. 공부를 잘하는 편은 아니었지만 모범생 축에 속하는 아이여서 선생님들에게도 예쁨을 받았다.

나는 살아오면서 선후배들과의 끈끈한 정을 느껴본 적이 없다. 그래서 내 아들만큼은 전통이 있는 학교를 보내주고 싶었다. 가까운 곳에 새롭게 생긴 고등학교가 있었지만 나는 차편이 불편하더라도 동문들이 많은 학교에 보냈다. 그때 아들은 내켜하지 않았지만 설득을 하니 따라주었다.

고3 때 아들은 열심히 공부했지만 수능 점수가 원하는 만큼은 나오지 않았다. 그렇다고 재수를 하고 싶어 하지는 않았다. 재수를 할 것이 아니라면 중국어의 중요성이 날로 커지고 있으니 중국어를 공부하면 어떻겠냐고 제안했다. 아들은 동의를 하고 가까운 곳에 있는 외국어 대학교 중국어과에 장학생으로 입학했다.

부모 말 잘 듣는 착한 아들이 고마우면서도 한편으로는 걱정이 됐다. 자기 주관대로만 행동하는 딸을 보면서 아들은 부모 말에 순종해주기를 너무 강요했던 건 아닐까라는 생각이 들었다. 딸이 돌발적인 행동을 많이 하다 보니 아들은 부모의 눈치를 보면서 자신을 너무 심하게 절제한 것이 아닌가라는 생각이 들어 때로는 가슴이 아프기도 했다. 또한 너무 순해서 험한 세상을 살아가기 힘들지 않을까라는 생각도 들었다.

하지만 아들이 대학생활을 하는 것을 보고 어느 정도 안심이 됐다. 학교 축제 때 간이음식점을 하기도 했고 댄스 동아리에 가입을 해서 공연을 하기도 했다. 그리고 학교에서 상을 받아서 1학년 동안 2번이나 중국에 다녀오기도 했다. 아들의 1학년 대학 성적은 올 A+였다. 성공적인 대학생활을 하는 것 같았다. 아들은 아르바이트로 용돈을 벌어 중국어 학원에 다녔다. 2학년이 되자 아들은 새로운 결심을 했다. 서울에 있는 한국외대에 편입하고 싶다며 편입학원비를 지원해달라고 요청했다.

아들은 늘 딸과 비교 당했다. 딸이 워낙 역동적인 편이고 다양한 것에 재능이 있었기 때문에 사람들은 늘 딸에게 먼저 관심을 보였다. 또한 딸은 누구나 알아주는 홍대 미대에 다니고 있지만 아들은 사람들이 잘 모르는 외국어 대학교에 다니고 있었다. 아마도 아들은 자기 누나와 늘 비교당하는 것이 싫었던 것 같다. 그제야 알았다. 아들은 자존심이 상당히 강한 아이였다.

아들은 곧바로 편입 공부를 시작했다. 편입은 대학 입시보다 훨씬 힘들었다. 편입생을 1~2명 정도밖에 뽑지 않기 때문이다. 아들은 아침에 나가서 학원 수업을 마치고 11시에 돌아오는 일과를 반복했지만 힘들어하는 기색 없이 묵묵히 해냈다. 드디어 편입시험이 시작됐다. 아들은 서울을 오가며 8개 정도의 대학 편입 시험을 봤는데 모두 불합격했다.

물론 시험에 모두 불합격했지만 아들에게는 좋은 경험일 거라 생각했다. 세상이 그리 만만치 않다는 것을 배웠을 것이다. 후에 아들은 한 해만 더 편입시험을 보게 해달라고 했다. 그리고 문과에서 이과로 바꾸겠다고 했다. 대신에 휴대폰을 정지하고 학원에 다닐 때는 추리닝만 입고 다니겠다고 제안했다. 아들은 1년간 성실히 약속을 지켰고 그 다음에는 10군데 편입 시험을 봤다.

2~3일 간격으로 치르는 시험 일정이었다. 옆에서 지켜보는 내가 다 숨이 막힐 지경이었다. 시험 발표가 있었다. 정말 조마조마했다. 이번에도 시험에 떨어지면 아들의 상심이 너무 클 것 같았다. 한 군데만이라도 붙었으면 하는 심정으로 결과를 기다렸다. 그런데 시험을 친 학교마다 모두 합격했다. 그리고 아들이 가장 가고 싶어 했던 한양 공대에도 합격하게 됐다. 울먹이면서 합격했다는 아들의 전화에 나까지도 눈물이 핑 돌았다.

사람은 노력하면 된다는 것을 우리 아들이 증명을 했다. 화려하지는 않지만 성실하게 약속을 지킬 줄 알고 자신이 하고자 하는

우리 딸과 아들, 그리고 아내

일에 최선을 다할 줄 아는 우리 아들은 진정한 남자이자 자랑스러운 아들이다.

이제 어느덧 아들도 4학년이 되어 취업을 준비하고 있다. 아들은 자기관리에 철저하기 때문에 지내온 세월도 멋지게 지내왔고 다가올 미래도 멋지게 헤쳐가리라 믿고 있다. 우리 아들 파이팅!

늘 내 편인 아내

아내의 이야기는 해도 해도 끝이 없을 것 같다. 아내는 내가 어둠의 터널을 빠져나오게 한 구원자이자 안내자다. 살아가면서 아내는 나의 눈이었다. 결혼한 지 10년이 지난 후 어느 날 아내가 나에게 요청을 했다. 출퇴근하느라 고생하는 내 모습을 보고 있으려니 답답해서 중고차를 한 대 사야겠다고. 내가 운전을 할 수는 없으니 자기가 운전면허증을 따서 출퇴근을 돕겠다고 했다. 우리 형편에 무슨 차냐고 거절을 했지만 아내는 계속 졸라 결국 그렇게 하기로 했다. 정말 가슴이 뭉클했다. 아내도 아내 나름의 생활이 있을 텐데 내 출퇴근을 도와주겠다니. 그 이후부터 내가 가는 곳이면 어디든 아내는 따라나섰다. 집안일에 운전까지 하느라 피곤할 텐데도 아내는 하루도 거르지 않고 나를 데리고 다녔다.

정말 이런 반려자를 만나게 된 것에 늘 감사하다. 그리고 언제나 나를 위해 헌신해주는 아내에게도 감사하다. 사람들이 나에게 공처가라는 이야기를 많이 하는데 이런 아내를 두고 어찌 공처가가 되지 않을 수 있겠는가.

나는 아내와 결혼을 할 때 행복한 가정을 만들겠다고 약속했다. 아내와 나는 자식들이 태어나자 교육방식에 대해 많이 고민을 했다. 우리 집은 다른 집과 교육 방식에 있어서 조금 다른 점이 있다. 먼저 우리 부부는 자녀들에게 잔소리를 하지 않는다. 자기가 원하는 것을 하라고 한다. 대신 그에 따른 책임을 스스로 질 수 있도록 하게 한다. 그래서 우리 딸과 아들은 비교적 자유분방하게 살아온 것 같지만 아르바이트 등을 쉬어본 적이 없다.

그리고 우리는 매년 초에 가족 워크샵을 개최한다. 애들이 중학생이 되고 난 후부터 시작했는데 은행에서 제공하고 있는 콘도 등을 연수원으로 하고 보통 3박4일 일정으로 떠난다. 보통 도착 2일째 되는 날에는 토론을 한다. 준비사항으로는 그 이전 해에 토론했던 내용이 기록된 시트와 금년에 새로 목표를 기입할 수 있는 용지가 전부다. 이런 준비물은 나의 몫이다.

워크샵에서는 가족 모두가 발표 대상이다. 물론 나부터 시작한다. 가장 먼저 지난 한 해 동안 자기가 했던 가족과의 약속을 성실히 수행하였는지 여부를 발표하고 그리고 금년 한 해는 어떤 목표를 잡았으며 어떻게 실천할지 구체적으로 발표를 한다. 실천에 있어서 가족들에게 부탁 사항 등을 모두 발표한다.

발표 후에는 가족들 간에 토론이 시작된다. 정해진 형식은 없지만 끝장토론을 한다. 이 시간은 우리 가족에게 매우 중요하다. 우리 가족이 유일하게 잘잘못을 따지고 서로에게 개선을 요구하는 시간이기 때문이다. 가족 모두 발표와 토론까지 마치면 사인을 하고 약속을 위해 구호를 외친다.

"나는 할 수 있다."

이렇게 해서 워크샵을 마치고 신나게 여행을 즐긴다. 나는 이것을 여러 지인에게도 알려줬고 은행에 접목을 하기도 했는데 좋은 반향을 일으키면서 은헝 전반에 파급되는 효과를 낳기도 했다.

아내와의 여행 중에서

재능기부로 새로운 꿈을 꾸다

금융위기로 인해 나는 많은 분들에게 피해를 안겨 드렸다. 나를 원망한 분들도 많았지만 응원해 주시고 믿어주신 분들 또한 있었다. 그분들 덕분에 다시 일어설 힘을 얻을 수 있었다. 내가 세상을 살아오면서 받은 빚을 갚고 싶었다. 그동안 아등바등 사느라 정신이 없었지만 지금부터라도 봉사를 해야겠다는 마음을 먹었다. 그래서 나는 내가 할 수 있는 일이 뭐가 있을까 찾고 있는 중이었다.

그때 대형마트의 문화센터가 생각이 났다. 대형마트 문화센터에는 주민들이 이용할 수 있는 여러 가지 교양 프로그램을 운영하고 있었다. 그래서 나는 문화센터 담당자에게 만나 무상으로 문화센터를 이용하는 분들께 강의를 해 주겠다고 제안했다. 문화센터 측에서는 그들이 초청을 하는 경우는 있어도 외부기관에 전적으

로 맡기는 경우가 없었다고 난색을 표했지만 내 강의 내용을 보고
는 자기들에게 도움이 되겠다고 판단했는지 결국 수락했다.

강의 제목은'투자로의 초대'였다. 은행 거래를 할 때 사람들이
피해를 보지 않도록 내가 알고 있는 지식을 나누려는 강의였다.
강의 날짜가 정해지자 홍보 포스터를 보고 많은 사람들이 참여의
사를 표명했다. 강의 당일이 되자 문화센터에는 고객들이 물밀듯
이 밀려와 100석의 강의실을 꽉 채우고 자리가 없어서 많은 사람
들이 서서 강의를 들었다.

나는 부동산과 펀드를 주 내용으로 설명했고 투자 시에 반드시
주의해야 할 사항 등을 자세하게 나열하고 사례들을 들려줬다. 강
의 내내 수많은 질문들이 이어졌다. 강의가 끝났을 때 많은 사람
들이 내게 다가와서 좋은 강의를 들었다고 감사의 표시를 하시고
는 매달 꼭 이런 강의가 있었으면 좋겠다고 부탁했다. 문화센터
담당자는 문화센터가 생긴 이래로 이렇게 많은 분이 참여하기는
처음이라며 향후에 강의실 대여부터 필요한 모든 것을 제공할 테
니 강의를 해줬으면 한다고 부탁했다.

그래서 나는 그 뒤로도 강의를 이어갔다. 나는 다시 한 번 보람
을 느끼기 시작했다. 처음에는 조금이라도 도움이 되고자 하는 마

음에서 시작한 강의였는데 이렇게 사람들이 호응할 줄은 예상하
지 못했다.

이렇게 시작한 강의가 대학으로 이어졌다.

박사학위를 따다

내가 대학원에서 공부를 시작했던 것은 2004년부터다. 직장에 다니면서 더 배우고 싶었던 마음도 있었고 이제 직장 상사로서 자기계발을 하고 싶은 마음도 있었다. 또한 공부하지 못했던 새로운 것을 공부해 보고 싶은 마음도 있었다. 그래서 대학원에서 부동산 공부를 하기 시작했다.

대학원에서 공부를 하게 되니 공부에 재미가 붙었다. 그래서 조금 더 공부를 하고 싶은 마음이 생겼다. 그래서 박사과정을 밟아 보기로 결심했다. 물론 직장인이 박사과정에 참여한다는 것은 불가능한 일이었다. 대개 어느 정도 시간을 자유롭게 활용 가능한, 부동산 중개를 하시는 분들이 박사 과정을 준비했다. 나는 여건이 허락하지 않았지만 일단 경영학 박사 과정 면접을 봤다.

다행히 은행에는 휴가가 참 많았다. 같이 근무하는 직원들의 눈치가 보이기는 하지만 휴가를 사용해서 주간 수업을 듣기로 결정했다. 수업은 오전 9시부터 오후 6시까지 강도 높게 하였다. 대학원 과정과는 전혀 달랐다. 발표를 준비해서 하루 종일 돌아가며 발표를 했다. 또한 등록금에 접대비, 논문 준비 등으로 지출도 예상보다 많았다. 경영학을 전공하지 않은 사람이 경영학 박사과정을 공부하니 따라가기도 쉽지 않았다. 내가 왜 이런 선택을 했을까 하고 잠시 후회를 하기도 했다.

하지만 나는 오기가 강해서 한번 마음먹은 것은 쉽게 포기하지 않았다. 박사과정도 마찬가지였다. 포기할 수가 없었다. 죽기 살기로 계속 수업을 쫓아갔다. 그러던 중에 3학기가 되자 지도교수로부터 제의를 받았다. 학생들을 가르쳐보라는 것이었다. 뭔가 가슴이 설렜다. 나 같은 사람이 학생들을 가르칠 수 있다니…. 하지만 또한 두려움 마음도 있었다. 내가 과연 잘할 수 있을까? 괜히 공부하는 학생들에게 피해를 주는 것이 아닌가라는 생각에 일단은 거절을 했다. 하지만 지도교수의 거듭된 요청으로 수업을 맡게 되었다.

내가 처음 맡은 수업은 '소비자 행동론'이었다. 야간에 주 3시간 수업을 하기로 했다. 현직 은행원이 강의를 한다는 것이 화제가 돼 순식간에 70명의 정원이 마감됐다. 제때 수강 신청을 하지 못한 학생들은 전화와 이메일을 통해 수업을 들을 수 있게 해달라고 요청하기도 했다.

대학생 강의는 정말 생동감이 넘쳤다. 은행 근무 중에 겪었던 생생한 사례들과 살아온 과정을 이야기할 때 학생들은 야간임에도 불구하고 경청을 해 주었다. 학생들은 대부분 방송통신대학에서 2년을 마쳤거나 전문대를 졸업하고 편입을 통해 학교에 들어온 경우가 대부분이었다. 그들은 학교생활에 대한 열의가 남달랐고 대부분 주경야독이었다. 마치 예전의 내 모습을 보는 것 같았다. 그들의 학교 선배로서 인생 선배로서 더 열심히 강의했던 것 같다.

시간이 흐르면서 강의를 하는 일에 적응이 되면서 제법 할 만해졌다. 강의를 하는 일이 너무 보람차고 즐거웠다. 나에게 기회를 준 지도교수님께 정말 감사했다. 그때 이것을 거부했다면 나는 이런 즐거움과 보람을 느끼지 못했을 것이다. 박사과정을 시작하면서 토요일은 물론 일요일에도 대학 도서관에서 살다시피 했다. 쉽지는 않았지만 지도교수님과 박사과정 선배들의 도움으로 박사과정을 무사히 마칠 수 있었다.

박사학위를 수여 받는 날. 내가 단상 위에 올라가 학위를 받는 모습을 가족들 모두가 지켜보았다. 단상으로 올라가면서 처음 검정고시 학원에 갔던 일이 떠올랐다. 검정고시에 떨어지고 혼자 독서실에서 영어 공부를 했던 일, 대학에 입학했던 일 등이 떠올랐다. 학위를 받는 순간 나도 모르게 감정이 벅차올랐다.

가족들 덕분에 박사학위를 딸 수 있었다.

가족들에게 미안하기도 했다. 박사과정을 준비하느라 아버지로서 가족들을 제대로 챙겨주지 못했다. 오히려 가족들이 나를 챙겼다.

아내는 나와 동행하며 나를 챙겨줬다. 내가 대학에서 공부하는 동안 아내는 지루함을 달래기 위해 대학 내에서 골프를 수강하기도 했다. 또한 아이들은 불평불만을 하기는커녕 내게 응원 메시지를 보내며 나에게 힘을 줬다. 이 모든 것이 가족들이 있었기에 가능했던 박사과정이었다.

안녕 국민은행

보통 은행 업무는 아침 8시까지 출근해서 직원들과 같이 회의를 하고 오늘 지점이 이루어야 할 목표를 할당받고 친절교육을 끝으로 업무를 시작한다. 업무가 시작되면 은행 객장에서 어깨에 "정성껏 모시겠습니다."라고 적힌 띠를 하고 고객 안내를 했다. 객장을 오가면서 은행을 찾은 손님이 클레임을 걸면 해결해 주고 동전을 가지고 오는 손님이 오면 지폐로 바꾸어 줬다. 그리고 때로는 손님과 차 한잔을 하면서 시간을 보내기도 했다.

나는 은행에 들어올 때 은행장이라는 원대한 목표도 있었다. 하지만 시간이 지나자 그 목표에 도달할 수 없다는 것을 알게 됐다. 표창을 10개나 받을 정도로 많은 실적을 올렸다. 표창을 한 개도 받지 못한 은행원이 태반이라고 볼 때 내 실적은 엄청난 수치였다. 하지만 은행의 구조상 더 이상의 승진은 기대할 수 없었다. 정년은 아직 많이 남아 있지만 이제 은행을 떠날 시기가 왔다는 것을 직감할 수 있었다. 퇴직을 해야겠다는 생각이 들 무렵, 희망퇴직문서가 게시되었다.

퇴직 조건은 좋았다. 3년 치의 임금을 주고 자녀의 대학 학자금까지도 지급하는 조건이었다. 나는 더 이상 생각하지 않고 아내와 상의 후 즉시 희망퇴직을 신청했다. 은행을 떠난다니 정말 아쉬웠지만 나와 은행에게 최선을 다하는 길이었다.

물론 아내도 아쉬워는 했지만 반대하지 않았다. 퇴직 신청한 후에 가장 먼저 한 것은 부동산 시장 조사였다. 임대 소득이 급여 정도가 나올 만한 건물을 찾아 다녔다. 자녀들의 공부가 아직 진행 중이라 뒷받침해줄 수 있고 생활비를 충당할 수 있는 수입이 필요했기 때문이다.

다행히 모교를 통해 대학원 겸임교수 자리를 확보할 수 있었다. 또한 감사하게도 은행에서 2년 동안 자회사에서 근무할 수 있도록 배려를 해줬다. 그리고 2010년 11월 10일에 나는 퇴직을 하게 됐다. 은행에 입사한 지 24년 만이었다. 마지막 날 호텔만찬회에 참석하여 퇴임 지점장과 현직 지점장들 앞에서 인생 3막이라는 주제로 고별 강의를 했다. 갑자기 마지막 근무라고 하니 눈시울이 붉어졌다. 처음 입사하던 날, 고객을 유치하기 위해 농촌 여기저기를 돌아다녔던 기억, 처음 승진했던 날 등 추억들이 떠올랐다. 이제 안녕이라고 하니 너무나 아쉬웠다.

국민은행은 완벽한 곳은 아니다. 하지만 끈끈한 정으로 뭉쳐 있는 직원들과 문제점은 있지만 문제점들을 허심탄회하게 이야기할 수 있는 분위기가 조성되어 있기 때문에 국민은행은 앞으로 더 기대가 된다. 비록 나는 나가지만 국민은행은 더욱 발전할 것이라 믿는다.

국민은행이 아니었다면 내가 이토록 사랑하는 여자와 결혼을 꿈꿀 수도 없었을 것이고 집을 장만할 수도 없었을 것이고 이렇게 사랑스러운 자식들을 얻을 수 없었을 것이고 대학에서 강의를 할 수도 없었을 것이다. 이런 모든 것을 얻게 해 준 은행은 나에게 은인과도 같다. 독기만 가득했던 세상물정, 모르는 철부지에게 많은 것들을 선물해준 곳이다.

고마웠습니다. 안녕, 국민은행.

국민은행 직원들과 함끼

부록

1

종잣돈 만들기

제 주변에 자식들 또래의 젊은이들이나 신혼부부들이 돈 관리를 어떻게 해야 할지 많이들 물어 봅니다. 그래서 제가 예전에 여기저기서 강연했던 내용을 간단하게 정리해서 알려 드리려고 합니다. 종잣돈 만드는 법을 지금부터 알아보도록 하겠습니다.

1. 5113

많은 젊은이들이 월급이 많지 않아서 돈을 모으기 힘들다고 하소연을 합니다. 물론 월급이 많으면 빨리, 더 많은 돈을 모을 수 있겠지만 월급이 적더라도 충분히 돈을 모을 수 있습니다. 5113의 원칙만 따른다면 어렵지 않습니다.

먼저 소득의 50%는 저축을 해야 합니다. 많은 젊은이들이 쓸 곳을 먼저 정해 놓은 후에 저축을 하는데 그렇게 해서는 돈을 모으지 못합니다. 이를 악물고 소득의 절반을 저축해야 합니다. 처음에는 쉽지 않겠지만 이렇게 해야만 돈을 모으는 습관을 들일 수 있습니다. 그 다음 10%는 사회 변화에 적응할 수 있도록 하는 데 써야 합니다. 스마트폰 등의 전자기기를 사거나 책을 사는 등 사회 트렌드를 맞춰가는 데 사용하는 것이 좋습니다. 어떤 사람은 필요 이상으로 많이 저축하는 데 이것도 그렇게 좋지만은 않습니다. 그리고 나머지 10%는 나를 위해 투자하는 데 사용합니다. 운동을 다니는 것도 좋고 공연을 보러가는 것도 좋습니다. 정말 나를 위해 10%를 사용하세요. 그리고 남은 30%로 생활비를 쓰는 겁니다. 아무리 생활비가 모자라도 무조건 이것으로 해결해야 합니다. 돈을 모아야 할 시기를 지나면 결혼이나 자녀 양육 등에 많은 비용을 지출해야 합니다. 그렇기 때문에 원칙을 명확하게 지켜야 합니다. 다음 달 월급날부터 당장 적용하세요.

2. 작은 목표 금액이라도 실제적으로 실천하자

많은 젊은 친구들이 적금 등을 잘하지 않는 이유가 많은 돈을 모아야 한다고 부담을 갖기 때문입니다. 그리고 작은 금액은 쉽게 모을 수 있다고 생각합니다. 하지만 저축이라는 것은 습관을 들이지 않으면 적은 금액도 모으기 어렵습니다. 우리에게는 늘 쓸 곳이 무궁무진하게 생기기 때문입니다. 지금부터 작은 금액이라도 저축을 시작해 보세요.

3. 단기적금으로 돈 모으는 재미를 붙이자

펀드, 주식 등 재테크를 하는 방법은 다양합니다. 하지만 종잣돈 형성할 때는 1년짜리 정기적금을 추천합니다. 대개 이율이 높다고 장기적금을 드는 경우가 많은데 이는 결코 긍정적이지 못합니다. 돈을 모아가는 재미를 붙이려면 1년짜리 적금이 가장 좋습니다. 1년짜리 적금으로 돈을 모으는 재미를 붙여가기 바랍니다.

3년 이상의 적금을 가입할 때는 펀드를 적극적으로 이용하는 것을 추천합니다.

4. 대차대조표를 작성하라

쉽게 말해서 용돈기입장 같은 것을 말합니다. 돈은 쓰다 보면 쉽게 사라집니다. 어디에 썼는지도 모르게 통장잔고가 바닥났던 경험이 다들 있을 겁니다. 이런 일을 방지하기 위해서라도 내가 어떤 소비를 했는지 다시 돌아보는 것이 중요합니다. 분명히 쓸데없는 곳에 사용한 곳이 있을 겁니다. 그 부분들을 찾아내 소비습관을 바로 잡아야 합니다.

5. 신용카드는 불과 같다

불이란 잘 사용하면 아주 유용한 것이지만 잘못 사용하면 큰 재난을 일으킬 수 있습니다. 신용카드는 불과도 같습니다. 사회초년생들이 취업 후에 가장 먼저 하는 것 중에 하나가 신용카드를 만드는 일입니다. 물론 신용카드는 편리하기도 하고 잘 사용하면 신용도도 높아지고 장점이 있습니다. 하지만 잘못 사용하면 빚의 악순환에 빠져 파산의 길로 빠져들 수 있습니다. 저는 사회 초년생들의 경우에는 신용카드 사용을 자제하는 것이 좋다고 생각합니다.

제가 제시한 원칙들만 잘 지킨다면 월급의 많고 적음을 떠나서 충분히 종잣돈을 만들 수 있습니다.

2

투자하기 전
이것만은 알고 가자

많은 분들이 투자에 관심을 갖고 있습니다. 많은 분들이 금융자산에 투자하려고 하지만 어디서부터 어떻게 해야 하는지 모르는 분들이 많습니다. 그래서 간단하게 투자에 대해서 알려드리려고 합니다.

먼저 투자 상품들의 장단점을 알아보겠습니다. 예금의 가장 큰 장점은 안정성입니다. 하지만 수익이 비교적 낮고 물가가 상승할 때는 실질금리가 마이너스나 마찬가지가 되는 단점이 있습니다. 주식은 고수익을 안겨준다는 장점이 있지만 어떤 종목에 투자해야 하는지 선택하기 어렵고 높은 변동성이 있어 위험하다는 단점이 있습니다. 채권의 경우에는 확정된 이자를 받을 수 있다는 장점이 있지만 금리가 상승하거나 신용에 따른 위험부담이 있다는 단점이 있습니다. 상품 투자의 경우 고수익을 줄 수 있지만 추세 파악이 어렵고 투기성 자본이 많이 유입된다는 단점이 있습니다. 마지막으로 부동산은 고수익을 안겨줄 수 있고 실물을 소유한다는 장점이 있습니다. 하지만 거래비용이 너무 많이 들고 처분하기가 쉽지 않다는 단점이 있습니다.

투자를 본격적으로 하기 전 명심해야 할 사항이 있습니다. 첫째, 일희일비하지 않는 것입니다. 펀드 등의 상품은 대일 매일 변동이 있습니다. 장기적으로 반드시 오른다는 확신을 가지고 지켜봐야 합니다. 둘째, 확실한 정보를 가지고 있어야 한다는 겁니다. 은행, 주식, 채권, 부동산, 외환 등에 대해 기본 지식을 갖추고 있어야 합니다. 내 재산은 내가 지킨다는 생각으로 투자를 해야지 설계사나 회사에만 의존해서는 안 됩니다. 그리고 마지막으로 현업에 충실해야 합니다. 황금알보다는 황금알을 낳는 거위가 중요한 겁니다. 많은 분들이 투자를 하고 나서 오로지 투자한 것에만 몰두하면서 주객이 전도되는 경우가 많습니다. 현업에 최선을 다하셔야 투자도 할 수 있는 겁니다.

그리고 성공적인 투자의 가장 중요한 요소는 바로 믿을 수 있는 전문가를 만나는 것입니다. 이것이 바로 투자 성공의 절반입니다. 좋은 전문가를 고르는 몇 가지 기준이 있습니다. 던저 나의 이야기를 잘 들어줘야 합니다. 단순히 응대를 얘기하는 것이 아니라 내 환경을 잘 이해해야 제대로 된 투자를 할 수 있기 때문입니다. 또한 그에 맞는 재무 설계를 해줄 수 있어야 하고 투자실행 후에도 꾸준히 성과를 알려주고 조언까지 해줘야 좋은 전문가입니다.

피해야 하는 전문가도 있습니다. 수익률을 확언하거나 보장하는 전문가는 피하는 것이 좋습니다. 아무리 전문가라도 미래를 예측할 수는 없습니다. 그리고 단기적 시장예측으로 신상품 가입 등을 권유하는 전문가도 피하는 것이 좋습니다. 경험이 부족하거나 단순히 실적만을 생각하는 전문가일 확률이 높습니다.

마지막으로 펀드 투자 시 주의사항을 한 번 더 점검하고 마치겠습니다. 첫째, 시장은 전망하지 않아야 합니다. 시장은 변수가 정말 많습니다. 하지만 시장은 꾸준히 성장합니다. 워렛버핏은 기업가치가 주식매수의 여부를 판단하는 기준이었다고 합니다.

둘째, 손실을 최소화하는 투자를 해야 합니다. 많은 분들이 투자를 하다가 수익을 보게 되면 더 많은 수익을 위해 무모한 투자를 하는 경우가 많습니다. 워렛버핏은 돈을 잃지 않는 것이 가장 큰 원칙이라고 강조했습니다.

셋째, 역발상 투자를 해야 합니다. 워렌버핏은 남들이 공포에 빠져 있을 때 탐욕스러워지고, 남들이 탐욕스러워질 때 공포감을 느끼라고 했습니다. 호황이라고 급하게 투자할 필요도 없고 불황이라고 위축될 필요도 없습니다.

　넷째, 자산은 배분해야 합니다. 주식은 위험한 자산입니다. 그렇기 때문에 투자를 할 때는 여기저기 분산해서 투자를 해야 위험을 최소화할 수 있습니다.

　마지막으로 투자는 장기적으로 봐야 한다는 겁니다. 시장은 변수가 많기 때문에 위험합니다. 시기에 따라서 수익률이 천차만별입니다. 하지만 오르막이 있으면 내리막도 있듯이 내려가면 언젠가 다시 올라갑니다. 장기적으로 보시고 투자하시기 바랍니다.

현재를 살아가는 우리에게
1+5는 필수

평소 한산하던 은행객장이 매달 25일만 되면 창구는 북새통이 됩니다. 기초생활비를 수령하려는 노령 고객들이 방문하기 때문입니다. 시간이 갈수록 기초생활비를 받기 위해 은행을 방문하는 노령 고객들이 많습니다. 흔히 말하던 고령화 시대, 100세 시대가 왔음을 실감합니다.

지금의 고령층에게는 참 어려움이 많습니다. 더 이상 일자리는 주어지지 않고 자녀들의 교육이나 결혼 등으로 재산을 이미 소진한 상태라 경제적 어려움을 겪고 있는 실정입니다. 국가의 도움만을 기대해야 하는 그 분들을 볼 때 참 고령화 문제가 심각하다는 것을 느낍니다.

세계적인 대부호 조지소로스, 빌게이츠, 워런버핏 이 세 사람이 노후를 대비하는 데 있어서 중요하다고 강조한 것들은 무엇일까요?

첫째, 어렸을 적부터 재테크 교육을 철저히 시키라고 했습니다.
많은 분들이 이 얘기를 들으면 갸웃할 겁니다. 어렸을 적부터 미리 경제적인 개념을 확고하게 하고 재테크를 가르쳐야 젊어서부터 재테크를 준비하고 노후에 대비할 수 있습니다. 조금은 나아졌습니다만 우리나라 부모님들은 아직까지 아이들의 경제 교육에 소극적이신 것 같습니다. 하지만 미국이나 유럽 등에서는 아이들에게 어렸을 적부터 철저하게 경제 교육을 시킵니다. 위에 언급한 3인은 어렸을 적부터 경제관념이 확고해져야 한다고 강조합니다. 특히 돈을 단순히 버는 법을 떠나서 어떻게 하면 있는 돈을 잘 관리해서 증대시킬 것인가에 대한 교육을 생활화시켜야 한다고 합니다.

둘째, 절약하는 습관이 중요하다고 강조합니다.
위에 3인은 대부호로서 유명할 뿐만 아니라 기부가로도 유명합니다. 특히 워렌버핏은 지난 자기 재산의 85퍼센트에 달하는 374억 달러를 기부하기로 약속했습니다. 이렇게 통 크게 기부하는 그이지만 평소에는 절약이 습관화된 사람입니다. 세계 최고의 갑부

인 그이지만 1958년 그의 고향인 네브래스카 주 오마하에서 3만 1,500달러를 주고 산 집에서 아직까지도 살고 있습니다. 또한 식사를 할 때는 20달러짜리 스테이크 하우스를 즐겨 찾으며 중고차를 몰고 다니고 12달러짜리 이발소를 즐겨 찾을 정도로 검소한 생활을 합니다. 이런 습관이 그들을 부자로 만들어준 게 아닌가 싶습니다.

셋째, 보험의 중요성을 강조합니다.

차를 몰고 길을 외딴 길을 달리던 중에 타이어 하나가 빠져버렸습니다. 이때 스페어타이어가 있으면 다시 타이어를 껴서 바퀴를 굴려 다시 나아갈 수 있지만 스페어타이어가 없으면 그 자리에서 고립되고 맙니다. 보험이란 스페어타이어와 같은 역할을 하는 것입니다.

■ 1+5란?

이제는 노후 준비를 대충해서는 안 됩니다. 직장을 가짐과 동시에 노후를 준비해야 합니다. 1+5는 노후를 위해 필요하다고 생각하는 기본적인 것 하나와 추가적인 것 5개를 더하라는 의미입니다. 노후 준비를 위해서는 1+5가 반드시 필요하다고 생각합니다.

첫째, 불시에 찾아오는 위기 상황을 대비하기 위함입니다. 사람에게는 언제 재난이나 질병이 닥칠지 모릅니다. 보험을 드는 것은 불시에 닥쳐올 위기를 대비하는 최소한의 방법입니다.

둘째, 국민건강보험으로 불가능한 부분을 보완하는 데 있습니다. 국민건강보험은 어느 정도 한계가 있습니다. 보장금액의 한도가 너무 작고 보장하는 질환에도 한계가 있기에 그것을 보완하기 위해서 보험을 드는 것입니다.

셋째, 국민연금으로 불가능한 노후 대비에 있습니다. 국민연금만으로는 노후 대비가 어렵습니다. 더 건강한 노후를 위해서는 보험 가입이 필요합니다.

즉 보험은 우리가 살아가는 데 있어서 가장 기본이라고 할 수 있습니다.

물론 보험만으로는 우리의 노후는 보장되지 않습니다. 보험은 단지 아주 기본적인 방법입니다. 이외에도 저는 5가지를 더 언급합니다. 그래서 1+5라는 이론을 이야기하고 다닙니다. 5가지는 다음과 같습니다.

첫 번째 - 국가 기본연금

공무원연금, 국민연금 같은 국가 기본연금은 필수적입니다. 국민연금에 대한 비난 여론도 있지만 국가가 부도나지 않는 이상 확실하게 최소한의 보장액은 돌려받을 수 있기 때문에 이는 노후에 필수적인 요소입니다. 국가 기본연금은 꼭 가입하시고 꾸준히 납부하시기 바랍니다.

두 번째 - 개인연금

미국, 유럽 등에서는 평균 소득에서 50~60%를 세금으로 내야 합니다. 그러다 보니 대부분의 직장인들이 열심히 돈을 벌고 있으면서도 항상 돈이 부족합니다. 그러나 은퇴 후에는 그들은 황금기를 맞이합니다. 자녀무상교육, 노후생활비, 의료비 등을 국가에서 전액 지원을 하다 보니 우리처럼 노후에 대한 불안이 없습니다.

우리나라의 경우는 평균 세율이 20%입니다. 노후보장과 복지가 잘 정비된 선진국들과 비교하면 30%이상 세금을 적게 내고 있다고 할 수 있습니다. 국가에서는 복지를 확대하는 대신 세금을 올리려고 시도를 하고 있지만 조세저항이 강해 번번이 실패를 하고 있는 실정입니다. 수년 내로는 이런 흐름이 크게 달라질 것 같지 않습니다. 그렇다면 결국 노후 준비는 개인이 해야 합니다. 선진국에 비해 30%를 적게 내고 있으니 소득의 30%는 과감하게 저축해야 합니다.

30% 저축을 하는 방법으로 개인연금을 적극 추천합니다. 개인연금은 소득이 있는 모든 분들에게 연말정산 공제혜택이 있어 일거양득입니다. 30% 중 본인의 성향에 따라 가입하는 게 좋습니다. 소득 10% 보장성 연금, 소득 20%는 장기연금가입을 할 것을 추천합니다.

세 번째 - 퇴직연금

퇴직연금이 전 사업장으로 확대되고 있습니다. 퇴직금이 노후 생활 자금 본연의 역할을 하기 위해서는 퇴직금에 대한 근로자의 수급권이 보장되어야 한다는 것이 전제조건입니다. 그러나 현실에서는 퇴직금을 지급하기 위한 재원이 별도로 적립되어 있지 않고 기업의 운영 경비 등으로 이용되는 경우가 많기 때문에 체불되는 사례가 빈번합니다. 이러한 불리한점 등을 개선한 것이 퇴직연금입니다.

네 번째 – 수익형 부동산

물론 은행예금을 운용하는 것도 중요하지만 우리나라 자산의 70%이상을 차지하는 것은 부동산입니다. 부동산에 대한 지식이 필요합니다. 부동산을 보는 안목을 키워 부동산에 투자해야 합니다.

2012년 기준으로 1인가구 비율이 25% 정도입니다. 하지만 2032년에는 34%로 약 4배 정도가 증가할 예정입니다. 1인가구 소비트렌드가 반영이 되어 영업이 실행되고 있습니다. 노후에는 수익형 부동산이 효자노릇을 톡톡히 할 것입니다. 그러니 지금부터라도 부동산에 대해서 관심을 가지시기 바랍니다.

다섯 번째 – 역모기지론

역모기지론이란 주택을 담보로 금융기관에서 자금을 대여해주는 장기주택저당대출입니다. 고령자가 자신의 집을 담보로 사망할 때까지 노후 생활자금을 연금형태로 지급받을 수 있는 제도로 주택연금이라고도 말합니다. 현재 많은 퇴직자분들이 이용하고 있고 갈수록 신청자가 급증을 하고 있는 제도입니다. 이에 대한 조건들을 충분히 이해하시어 준비해 두시면 대단히 유익하리라 생각합니다.

■ 9988234

故 황수관 박사님께서 즐겨하시던 말씀입니다. 99세까지 88하게 살다가 2~3일 아프다가 죽는 것이 아주 행복한 삶이라고 하였습니다. 오래 산다고 행복한 삶은 아닐 것입니다. 노년의 삶을 뒷받침해 줄 수 있는 경제력도 중요합니다. 대부분의 청년들이 노년을 걱정하지 않고 노년이 다가오지 않을 것처럼 생각하고 살아가고 있습니다. 하지만 직장새내기부터 당장 노후를 준비하고 걱정해야만 하는 시대를 살아가고 있습니다. 스스로의 환경에 맞는 1+5를 철저히 준비허서 행복한 9988234가 되었으면 하는 바람입니다.

지나온 삶을 되돌아보며

이제 내 생의 정점은 지났다고 생각합니다. 물론 삶은 끝나지 않았습니다. 나는 끊임없이 새로운 시도를 하고 내가 기여할 수 있는 것을 찾을 것이고 아직도 더 행복해지고 싶습니다.

은행원으로서 인간으로서 매사에 적극적으로 살고자 함이 저의 욕심이었습니다. 뭔가를 이루고 싶어 열심히 살았습니다. 승진을 위하여 무던히 노력하였습니다. 이제는 내가 욕심을 부리기보다는 내 뒤의 세대들에게 물려줘야 할 때라고 생각합니다. 그들은 나보다 더 지혜롭고 패기 있을 거라 믿습니다.

가난한 집에서 태어났습니다. 굶지만 않으면 행복하던 시절이었습니다. 어린 나이에 철공소에 들어가면서 '나는 행복할 수 있을까'라는 질문도 던져봤습니다. 하지만 그 질문에 대답할 시간도 없었습니다. 또 다시 굶지 않으려면 열심히 움직여야 했기 때문입니다. 그때는 내 미래를 그려보는 것 또한 사치였습니다. 한쪽 눈이 없어졌을 때는 정말 큰 충격이었습니다. 내 삶이 끝난 것만 같았습니다. 살기 위해 독기를 품었습니다. 모두를 경쟁자로 봤고 철저하게 나만을 챙겼습니다.

그러면서 아내를 만나고 가정을 꾸리면서 행복이라는 것을 맛보았습니다. 은행에서 동료들과 부대끼며 세상은 나 혼자만 살아가는 것이 아니라는 것을 느꼈습니다. 덕분에 제 마음은 한결 편안해질 수 있었습니다.

자존심과 욕심은 저의 동력이기도 했지만 저를 힘들게 했습니다. 제가 가지고 있었던 가난과 장애 때문에 사람들 앞에서 더 자존심을 내세웠습니다. 그래서 사람들과 제대로 소통하지 못했고 저를 가두며 힘들게 살았습니다. 가난했던 지난날을 잊기 위해 욕심을 부렸습니다. 돈 한두 푼 때문에 괜한 욕심을 부렸다가 화를 당할 뻔하기도 했습니다. 저는 그때 깨달았습니다. 이런 것들이 내 삶을 불행하게 만든다는 것을.

그래서 저는 요즘 많은 것들을 내려놓고 있습니다. 책을 쓴 것도 그 노력 중에 하나입니다. 저의 장애와 못난 부분들을 사람들 앞에 공개하면서 자존심을 내려놓았습니다. 제 이야기를 듣고 저와 같이 장애를 가지고 있는 분들이 삶을 포기하지 않았으면 하고 많은 젊은이들이 저와 같은 실수를 하지 않기를 바랍니다.

물질적인 욕심을 내려놓았습니다. 제가 경험해 보니 돈이라는 것은 늘 부족한 것 같습니다. 아무리 채워도 채워지지 않는 밑 빠진 독과 같습니다. 그래서 저는 돈에 집착하지 않기로 했습니다. 아내와 자식들에게는 조금 미안하지만 돈을 벌 수 있는 일보다는 가치 있고 다른 사람들에게 도움이 될 수 있는 일들을 찾고 있습니다. 그래서 요즘에는 부산지방법원에서 가사조정 위원 등의 활동을 하고 있습니다.

무조건 제가 잘났다는 생각을 내려놓았습니다. 제 아이들을 가르치려고 잔소리하기보다는 아이들의 의견을 존중하고 조언 정도만 하고 있습니다. 제 아이들이 저보다 똑똑하다는 생각을 하기 때문입니다. 이렇게 저는 하나씩 내려놓으며 하나씩 이루어가고 있습니다.

권선복
도서출판 행복에너지 대표이사

끝날 때까지는 끝난 것이 아닙니다!

날로 각박해져 가는 현실 속에서 생의 의지를 잃어버리는 사람들을 보곤 합니다. 더 심각한 건 목숨마저 포기하는 경우입니다. 전 세계적으로 손꼽히는 자살률이 현재 대한민국의 자화상입니다. 우리 삶에 있어 진정한 끝이란 '포기'하는 그 순간입니다. 아무리 고난이 닥쳐도 결연한 의지를 가지고 최선을 다해 하루하루를 살아간다면 어떻게든 앞으로 나아가게 되는 것이 우리 삶의 모습입니다.

이러한 시대 상황에서 절대 포기하지 않는 불굴의 정신, 늘 타오르는 열정을 몸소 보여주시는 최성대 저자의 책 『당신에게 포기란 어울리지 않는다』를 출간하게 되어 무척 기쁜 마음입니다. 어렵고 힘들게 살아온 어린 시절과 군대에서 한쪽 눈을 실명하고도 절망하지 않고 이전보다 몇 배의 노력을 기울여 삶의 목표를 성취하는 저자의 이야기는 감동적이기까지 합니다. KB국민은행에서 인정받는 직장인으로 명예롭게 퇴직하기까지의 과정은 이 책이 한 권의 훌륭한 자기계발서로의 가치를 지니고 있음을 강변하고 있습니다.

그 누구에게나 힘든 시기입니다. 그렇다고 주저앉아 신세 한탄만 하고 있을 수는 없습니다. 우리의 삶은 그 무엇과도 견줄 수 없는 가치를 가졌고 자신의 능력을 맘껏 표출하는 건 인간의 의무이기 때문입니다. 포기가 없는 도전, 그 즐거운 여정을 책『당신에게 포기란 어울리지 않는다』와 함께하시길 바라오며 모든 독자분들에게 기쁨충만한 행복과 긍정의 에너지가 샘솟으시길 기원드립니다.

『긍정이 멘토다』 2탄 공저자를 모집합니다!

개요

1. 공동 저자: 총 36명
2. 책 전체 분량: 380쪽 내외(1인당 10쪽 내외)
3. 원고 분량: A4용지 5장(글자크기 10포인트, 줄 간격 160%)
4. 경력(프로필): 10줄 이내
5. 사진: 자료사진 3매, 사진 설명 20자 미만
6. 신청 및 원고 접수: 수시 마감
7. 출간 예정일: 연 3회

긍정, 행복, 성공에 관한 이야기를 독자들에게 전하고 나눌 수 있는 내용의 원고를 자유로운 형식으로 작성하여 제출해 주시면 행복에너지 소속 전문작가가 독자들이 읽기 편하도록 전반적인 윤문과 교정교열을 할 예정입니다.(원고는 ksbdata@daum.net 으로 송부해 주시기 바랍니다.)

책 발행비용은 100만 원이며 저자에게 발행 즉시 100부를 증정합니다. 발행비용은 신청 시 50만 원, 편집완료 시 50만원을 '국민은행 884-21-0024-204 도서출판 행복에너지 권선복'으로 입금해 주시면 되겠습니다.

자세한 문의는 언제든지 하단의 전화, 이메일을 통해 연락을 주시면 성실히 답변을 드리오며 원고 내용이나 책에 관해 궁금하신 분들은 도서 『긍정이 멘토다』를 직접 참조해 주시기 바랍니다.

도서출판 행복에너지: www.happybook.or.kr

대표이사 권선복

HP: 010-8287-6277   Tel: 0505-613-6133   E-mail: ksbdata@daum.net

소리(전 8권)

정상래 지음 | 각 권 13,500원

쏟아져 나오는 책은 많지만 읽을거리가 없다고 탄식하는 독자들이 많다. 그렇다면 근대 한국사에 담긴 우리 한恨의 정서에 관심이 있다면, 대하소설의 참맛에 대해 잘 알고 있다면, 정말 제대로 된 작품을 읽어볼 요량이라면 이 소설은 독자를 위한 더할 나위 없는 선물이자 생을 관통할 화두가 되어 줄 것이다.

조영탁의 행복한 경영이야기 세트(전 10권)

조영탁 지음 | 각 권 15,000원

행복한 성공을 위한 7가지 가치, 그 모든 이야기를 담은 『조영탁의 행복한 경영이야기』 전집은 자신은 물론 타인의 삶까지 행복으로 이끄는 '행복 CEO'가 되는 길을 제시한다. 다양한 분야에서 칭송을 받아온 인물들의 저서에서 핵심 구절만을 선별하여 담았다. 저자는 이를 '촌철활인寸鐵活人(한 치의 혀로 사람을 살린다)'으로 재해석하여 현대인이 지향해야 할 삶의 태도와 마음에 꼭 새겨야 할 가치를 제시한다.

명세지재들과 함께한 여정

강 형(康泂) 지음 | 432쪽 | 25,000원

이책은 평생을 교육자로 살아온 강형 교수의 회고록이다. 1부는 오직 교육자의 길만을 걸어온 저자의 지난날의 대한 회상을 중심으로, 제자들과 함께한 그 열정의 여정에 대해 이야기한다. 2부는 저자에게 가르침을 받은 명세지재들의 옥고(玉稿)를 담고 있다. 이 책은 진정한 교육자의 길은 무엇인지 알려주고 대한민국 교육계의 미래를 위해 우리가 해야 할 일은 무엇인지에 대해 명쾌히 전하고 있다.

공부의 모든 것

방용찬 지음 | 서한샘 추천감수 | 304쪽 | 15,000원

30년 동안 유수의 명문 학원에서 강사와 원장으로 활동하며, 학원 교육 분야에서 일가를 이뤄온 방용찬 원장의 책 『공부의 모든 것』은 학생들이 자신의 공부법에 대한 문제점을 객관적으로 진단할 수 있도록 구성되어 있다. 교육을 매개로 저자와 한 가족과 다름없는 친분을 맺어온 학원가의 대부, 한샘학원 설립자 서한샘 박사의 감수와 적극적인 추천은 그 신뢰성을 더한다.